生活文化史選書

魂

その原形をめぐって

狩野敏次 著

『長谷雄草紙』の風景

朱雀門へ向かう男と長谷雄（第一段　六紙・七紙）

朱雀門の楼上で長谷雄と鬼が双六の勝負をする（第二段　十一紙）

男が長谷雄に女を引き渡す（第三段　十四紙）

長谷雄は女と一夜の契りを結ぶと、女は溶けて水になってしまった（第四段　十六紙）

はしがき

魂とは何だろうか。「魂を揺さぶる」「魂をこめる」「魂が抜ける」「魂を冷やす」など、私たちは日常的に魂という言葉をよく耳にするけれども、本当に意味がわかっているかというと、いささか心もとない気がする。正直なところ、魂を「精神」や「心」、あるいは「気力」などの言葉に置き換えて、何となくわかったつもりでいるのではないだろうか。魂の意味をあらためて問われると、ちょっと腰が引けてしまう。魂はあまりにも漠然として、つかみどころがないように思われているからだ。

ひるがえってみれば、古代人は魂をもっと具体的で実体のあるもの、目に見えるものととらえていた。その最古の形の一つに蛇がある。古代人は蛇を魂と見ていたのである。古代人の生命観によれば、人間は魂と肉体からなり、魂が中身で、肉体は魂を入れる容器と考えられた。魂は生命をつかさどるもので、人間が生きているのは魂が肉体の中に宿っているあいだだけである。魂が肉体から離れ、永遠に戻らない状態が死である。

肉体は滅ぶけれども、魂は不滅である。もう少し正確にいえば、魂は不滅というよりも、死と再生を繰り返しているのである。肉体から離脱した魂は他界へ送られ、そこで蛇として転生する。他界は魂が安住する世界であり、魂はそこで蛇として生きるのである。その消息は日本神話が語る黄泉の国訪問譚を読めばおのずから明らかになる。イザナミは火の神カグツチを生んだために死んでしまった。イザナミの死体は黄泉の国へ送られ、その魂は最終的には蛇に生まれ変わるのである。この経緯については本書の第二章で詳しく説明する。

他界で蛇に転生した魂はこの世に戻り、新しい肉体に宿って再生する。これが人の誕生である。魂を中心に考えれば、魂は蛇から人へ、人から蛇へと転生しながら死と再生を繰り返している。魂が不滅とされるゆえんである。

魂はあの世で蛇に転生しても、この世に戻ればその姿を見ることはできない。魂は他界にいるときだけ蛇の姿をとるのである。魂はこの世では肉体という容器の中に収まっているけれども、場合によっては肉体から離れ、ひとり歩きをすることもある。そのときの魂は本人と寸分違わぬ姿かたちをとると考えられた。これを「魂の影」という。魂が目に見える姿で現れたのが影であり、魂の仮の姿といってもいい。生前と同じ姿で現れる幽霊もまた魂の影である。いずれにしても、魂はこの世では目に見えないけれども、影として現れることもあった。

また魂は死ぬこともあり、死んだ魂は水になるとも考えられた。水になった魂はやはり他界へ送られ、蛇に転生する。魂はいったん死んでも再生するから、不滅であることにかわりはない。

魂が水になる話は説話や伝説の世界ではしばしばみられる。たとえば鎌倉末期に成立した絵巻『長谷雄草紙』では、男が女と一夜の契りを結ぶと、突如、女が水になって溶けて消失するという奇怪な話が語られる。肉体が水になることはまず考えにくいから、水になったのは魂とみることができる。

物語に登場する男というのは絵巻の表題にもなっている紀長谷雄（きのはせお）のことで、平安時代に実在した人物である。一方の女は絶世の美女で、長谷雄が鬼と双六の勝負をして勝った褒賞として鬼からもらい受けたものである。鬼は長谷雄に女を引き渡すさい、百日がたたないうちは女犯の気持ちを起こしてはいけないとくぎを刺す。長谷雄は、最初のうちは鬼との約束を守っていたが、八〇日目に女を犯してしまう。すると女は水になって溶けて消えてしまうのである。

これは一種のミステリー小説といってもいいだろう。女が溶けて水になるのもさることながら、女の正体も気になる。女とはいったい何者だろうか。この物語には謎が多く、また謎が謎をよび、それが読者をひきつける大きな魅力にもなっている。第一章では、この絵巻を中心に魂と水の関係について述べる。

魂は他界で蛇に転生し、また魂が死ぬと水になる。三題噺ではないけれども、魂と蛇と水はいずれも相互に関連しあい、魂について語ることは、蛇や水について語ることでもある。蛇と水も密接な関係にある。魂と蛇と水はいわば三角形を構成し、これをかりに「魂のトライアングル」と呼ぶことにしよう。本書はさまざまな角度から「魂のトライアングル」について検討する。

本文では神話、説話、伝説、昔話などに言及することも多く、魂というテーマであらためてテキストに光を当てると、これまでとは違った視界が開けてくる。ひとことで言えば、他界へのまなざしとでもいえようか。他界は私たちの無意識が投影された世界である。したがってテキストを分析することは、とりもなおさず私たち自身を知ることでもある。

本書は日本人の他界観をめぐる知的な発見の旅だと思っていただければ幸いである。

目次

第一章　魂と水──『長谷雄草紙』を中心に

見知らぬ男が長谷雄に双六の勝負を挑む

鎌倉末期に成立した絵巻『長谷雄草紙《はせおそうし》』には、男が女と一夜の契りを結ぶと、女が水になって溶けて消失するという奇怪な話が語られている。男というのは実在した人物で、平安朝きっての文人にして漢学者であった中納言の紀《きの》長谷雄《はせお》（八四五〜九一二）のことである。物語はこの人物を中心に展開される。長谷雄という一風変わった名は、父の貞範が大和の長谷寺に祈願して授かったことから命名されたという。長谷観音の申し子と聞けば、その名の由来にだれもが納得するだろう。

一方の女は絶世の美女で、長谷雄が鬼と双六の勝負をして勝った褒賞にもらい受けたものである。鬼は長谷雄に女を引き渡すさい、百日がたたないうちは女犯の気持ちを起こしてはいけないとくぎを刺す。長谷雄は毎日美女を手元に置きながら、指一本触れることができない。最初のうちは鬼との約束を守っていたが、とうとう我慢ができなくなり、八〇日目に女を犯してしまう。すると女は水になって溶けて消えてしまうのである。

女が水になるとはどういうことだろうか。日本人の古い生命観によれば、人間は魂と肉体からなり、魂が中身で、肉体は魂を入れる容器と考えられた。肉体が溶けて水になることは考えにくいから、水になったのは魂とみるべきであろう。それにしても女が溶けて水になるとは不思議な話である。

ひるがえってみれば、魂が水になる話は説話や伝説の世界では決してめずらしいことではない。ここでは『長谷雄草紙』を中心に魂と水の関係について考えてみたい。

絵巻は五段からなり、まずは絵巻に沿って話のあらすじを追うことにしよう。なお、絵巻の詞書は、日本の絵巻第十一『長谷雄草紙・絵師草紙』（中央公論社、一九八八）の釈文にしたがったことを言い添えておく。

絵巻の冒頭は次のような詞書ではじまる。「中納言長谷雄卿《はせおきょう》は学九流に渉《わた》り、芸百家に通じて、世におもくせられし人なり」。「学九流」とは儒、道、陰陽など諸学に精通したという意味の慣用句である。長谷雄卿はあらゆる学問に精通し、芸能百般にも通じ、世に重んじられていたという。

ある夕暮れのことである。内裏から召しがあり、身なりをととのえた長谷雄が出かけようとする矢先、狩衣を着た一人の見知らぬ男が訪ねてきた。唐突な訪問である。その男というのは「…眼居《まなこい》賢げにて、徒人《ただびと》とも覚えぬ…」とあり、目つきからして賢そうで、ただものとは思えない。長谷雄は男を縁に召じ入れて、ともかく話を聞くことにした。男の口上を聞くとしよう。

徒然《つれづれ》に侍て双六《すごろく》を打たばやと思給《おもい》に、その敵《かたき》、恐らくは君ばかりこをおはせめと思ひよりて参りつるなり。

日ごろから双六を打っておりますが、その相手はおそらく中納言の長谷雄殿しかいらっしゃらないのではないかと思い、こうして参上した次第ですという。言葉づかいは鄭重でも、いささか傲慢で挑発的な物言いである。長谷雄は内心あやしみながらも、相手になってやろうという気持ちを抑きれず、あっさりと承諾してしまう。男が指定した対局の場は朱雀門である。男の突然の訪問といい、対局の場の指定といい、このあたりは男のペースで事が運ばれる。主導権は男に握られているといっても過言ではない。実はこの男というのは朱雀門に棲む鬼が化けたもので、言葉巧みに長谷雄を誘い出す。

ここで双六について簡単に説明しておこう。双六というと、子供の遊びのように思われるかもしれないが、れっきとした大人の芸能であって、しかも平安時代から鎌倉時代にかけて、双六は芸能のなかでも代表格であり、庶民から貴族、さらには天皇にいたるまで幅広く愛好されていた。絵巻の『石山寺縁起』や『鳥獣戯画』には双六に興じる貴族や庶民の姿が描かれているし、一三世紀半ばに成立した『古今著聞集』巻十二にも、修理《すり》大夫北条時房を前にして、双六の勝負をしたことが記されている。

楊暁捷氏によれば、双六を生業にする輩《やから》がいたほどで、『新猿楽記』や早期の『歌人歌合』では、双六打ちはつねに不動の一席を保っていたという（『鬼のいる風景――「長谷雄草紙」に見る中世』、九五頁）。双六を生業にする人間がいるからには、当然ながら金品などの賭物《かけもの》をするのがつねで、たんなる遊びではなかった。

楊氏の説明では、双六盤には横に十二の升目が上下二列に並び、対局する二人はその升目に白黒それぞれ十五の駒を置く。対局者は二個の賽《さい》を振って数字（二つの目の組み合わせ）を出し、それにしたがって駒を反対側に進め、先にすべての駒を進めた方が勝ちである。賽の偶然性に加え、駒の進め方にもきめ細かなルールがあり、それによって相手側の駒の進路を遮断したり、自分の駒の進め方を有利にしたりする。対局の結果は変化に富むものであったという（同前、一一三頁）。

絶世の美女をもらい受ける

双六は木製の盤上ゲームである。『今昔物語集』には、双六をしているうちに賽の目のことで口論になり相手を殺害したり、刃傷沙汰になったりした話が収められている。双六は静かなる盤上ゲームとはほど遠く、喧嘩口論が絶えなかったようで、同じ盤上ゲームでも、今日の囲碁や将棋とはだいぶ様相が違っていたらしい。

このように双六といってもたんなる遊びではなく生業にする人々がいたほどで、長谷雄のもとを訪れた男もどうやらプロの双六打ちのようである。芸能百般に通じる長谷雄は双六の名手でもあり、その名声を聞きつけた鬼が男に化けて双六の勝負を挑んできたのである。

絵巻の第二段十一紙は朱雀門の楼上（二階）で長谷雄と男が双六をする場面を描いたもので、双六盤を挟んで二人が向かい合う。まずは対局の前に賭物の相談をする。口火を切ったのは男である。自分が負けたら絶世の美女を差し上げますという。で、殿はいかがなさいますかと、水を向けられた長谷雄は、即座に全財産を賭けるといってしまう。ずいぶんと大胆なことをいう長谷雄である。もし負ければ一文なしである。無謀とも思えるこの勝負、始まってみると意外にも一方的で、長谷雄が勝ち続け、窮地に立たされた男は熱中するあまり、ついに鬼の正体をあらわす。鬼の顔面は赤銅色、すさまじい形相で長谷雄をにらみつける。長谷雄は少し怖気づいたような気色を見せながらも、「相手が鼠だと思えば何のことはない」と念じつつ、気持ちを強くして対局の手をゆるめることはない。長谷雄はそのまま勝ち続け、ついに勝利を手にした。勝負が終わってみると、鬼は元の男の顔に戻っていう。「今は何も申し上げることはありません。私が勝つと思っていましたが、負けてしまいました。後日、この償いはいたします」。鬼は弁解じみたことを言いながらも、賭物の件は確約するという。

長谷雄は褒美に美女をもらい受けることになったものの、気持ちは落ち着かない。男は本当に約束を守るのだろうか、半信半疑ながらも長谷雄は部屋をしつらえるなどして、男が訪ねてくるのを心待ちにしていた。そしてある日の夜遅く、男は約束通り輝くばかりの女を連れて長谷雄の邸宅にやってきた。長谷雄はわが目を疑うように、「この女をもらえるのか」と念を押すと、男は条件があるという。ここは大事なところなので絵巻の詞書を引いておこう。

左右《さう》に及ばず。負け奉りて弁ぬるう上は、返し給べき要なし。但《ただし》、今宵《こよい》より百日を過ぐして、まことには打ち解け給へ。もし百日が内に犯《おか》し給なば、必ず本意《ほい》なかるべし。

私が負けたうえは、この女を返してくれとは申しません。ただ今宵より百日過ぎてから女と懇ろになってください。もし百日がたたないうちに女犯の気持ちを起こせば、かならず不本意なことが起こるでしょうという。長谷雄はその通りにすることを約束して、男を帰した。一夜が明けてあらためて女を見れば、想像を絶するような、この世のものとは思えぬほどの美貌である。長谷雄は一目見るなり女の美しさに心を奪われてしまう。実はこの美女というのがくせ者で、これについてはのちほど詳しく検討するとして、先を急ごう。

長谷雄は美女を見ているだけで、指一本触れることができない。はじめのうちは約束を守っていたが、しだいに煩悩がつのり、悶々とした日々を重ねていくうちに、とうとう我慢ができなくなり、八〇日目に一夜の契りを結んでしまう。「堪え難く覚えて親しくなりたりければ、即ち、女水になりて流れ失《う》せにけり。中納言悔《く》ひの八千度《やちたび》悲しめども、更に甲斐《かい》なかりけれ」。すると女は水になってしまった。絵巻の第四段十六紙に描かれているのはその場面であり、女は衣を残して、下半身が水となって流れていく。水は畳の上から縁先へ、さらには庭へと流れ落ちる。庭には遣水が引いてあり、水は遣水に向かって流れていくようである。長谷雄は約束を破ったことを何度も悔いて悲しんだが、今となっては取り返しがつかない。後の祭りである。

死人のいいところを寄せ集める

それから三カ月ほどたった夜更けのことである。長谷雄は牛車に揺られながら内裏から帰る途中であった。くだんの鬼が恐ろしい形相で叫びながら牛車に近づき、「お前は信義をわきまえない奴だ。憎んでも憎み切れない」と、破約をなじって長谷雄に襲いかかろうとする。長谷雄はとっさに「北野天神助け給へ」と念じると、にわかに天から「とっとと立ち去れ」という大きな声があり、鬼は一目散に逃げ帰った。

断るまでもなく、北野天神の祭神は菅原道真とその夫人である。道真と長谷雄は師弟関係にあり、長谷雄が即座に北野天神の霊に加護を求めたのも当然であろう。その霊験によって長谷雄は鬼の奇襲から逃れることができた。絵巻の末尾には、ほうほうの体で退散する鬼の姿が描かれている。それと同時に、ここではじめて女の正体が明かされる。詞書にはこうある。

女といふは、諸々《もろもろ》の死人の良かりし所どもを、取り集めて人に造りなして、百日過ぎなば、真《まこと》の人になりて、魂定まりぬべかりけるを、口惜しく契《ちぎり》を忘れて、犯したる故に、皆溶け失せにけり、如何許りか、口悔《くや》しかりけん。

女というのは、死人のいいところを寄せ集めてつくられたいわば合成人間で、百日たてば本当の人間になり、体の中に魂が定まる。しかし鬼との約束を破ったために、女は水になって溶けてしまった。そして最後は、「いくら悲しんでも取り返しがつかない」という長谷雄の口惜しさを代弁するかのような言葉で結ばれている。

以上が『長谷雄草紙』のあらすじである。この話のクライマックスは、女が水になって溶ける場面であり、私の当面の関心もそこにあるので、そのあたりを中心に話をすすめていきたい。

鬼が連れてきた女は顔の輪郭はもとより、目、鼻、口、それに姿形、気立てにいたるまで、死んだ女のなかから最上のものを選び出し、それらを集めてつくられていた。絶世の美女たるゆえんである。鬼が言うには、百日たてば「真の人」になり、魂も体の中に定まるという。真の人とはこの世に生きる人のことで、魂と肉体の統一体としての人間という意味である。ただし百日がたたなければ、魂は体の中に定まらず、これは魂がいわば宙吊りの状態にあることを示している。当然ながら人としては未完成である。

死人のいいところを寄せ集めて女を作る話は中国にもあり、『唐代伝奇集』には「生き返った妻」と題した話が収められている。李の妻は出産後に亡くなった。本来はあと三二年の寿命があって、四男三女を生むはずであった。そこで天上界の役所は彼女の魂に形を与えて肉体として現世に帰すことにした。生きている人間には三魂と七魄があり、死ねば魂魄がばらばらになる。今それを一つに寄せ集め、続絃膠という薬を塗ると、もとの体と同じになる。役人たちは李の妻に似た七，八人の女を引き連れてきて、それを一つに押しつけ、器に入った薬を李の妻の体に塗りつけた。すると妻は空中から落ちてきたように、まったく意識がなくなったかと思うと、現世に生き返った。生前と変わったところはなく、ただ身のこなしが軽くて速いところが普通の人とは違っていたという（『唐代伝奇集』二、八二～七頁）。

中国の霊魂観によれば、人が死ぬと魂魄はばらばらになり、魂は気となって天上界に昇り、魄は地上にとどまるとされる。魄は肉体が腐敗し、白骨になった姿を示している。寄せ集めた魂魄を一つに押しつけて、それに姿形、つまり肉体を与えれば一人の人間が完成する。この話では、さまざまな魄魂を寄せ集めて再生した妻は、身のこなしが軽くて早いことをのぞけば、以前と変わりがなかった。

現世に生きる人間は魂と肉体の統一体である。長谷雄が双六の勝負をした相手の鬼はあの世のものだから、肉体を持たず、魂だけの存在である。正確にいえば、鬼は死体から離脱した霊魂、つまり死霊である。『和名抄』の鬼の項には、「或説云隠字、音於邇訛也、鬼物隠不欲顕形故俗呼曰隠也人死魂神也」とあり、ある説によると、鬼とは隠の訛りで、鬼物は隠れて姿を現すのを好まず、ゆえに隠《オン》と呼ばれる。また鬼は人が死んだ魂神すなわち死霊であるともいう。鬼《オニ》は隠《オン》の訛りで、要するに死霊のことだと『和名抄』は説明する。

姿が見えない鬼

男の鬼に対して、女の鬼はとくに醜女《しこめ》と呼ばれ、同じ『和名抄』によれば、醜女は「和名志古女　或説云黄泉之鬼」

とされ、黄泉の国に住む女の鬼のことである。黄泉の国は死者の国であり、そこを棲みかとするのが鬼である。鬼は死霊だから、黄泉の国は死霊すなわち鬼が跋扈する世界ということができる。

　鬼は昔話や伝説の世界でもなじみが深い。たとえば「瘤取り爺さん」の昔話にも鬼が登場し、酒盛りをする話がある。鬼が出没するのは夜の帳が下りる頃で、そして夜が白々と明けはじめるとどこかへ消えてしまう。夜の闇の中に潜んでいて姿を見せないのが鬼である。鬼《オニ》が隠《オン》の転訛とされるゆえんである。また「百鬼夜行」という言葉があるように、鬼を含めさまざまな妖怪が列をなして歩くのも夜であった。『今昔物語集』には鬼が夜陰に乗じて人を食い殺したり、物を盗み去ったりする話が多く語られている。夜の闇、あるいは物陰にひそんでいて姿を見せない鬼はまことに不気味である。

「鬼と女とは人に見えぬぞよき」とは、『堤中納言物語』に収められた短編「虫めづる姫君」にみえる言葉で、けだし名言である。当時の高貴な女性は御簾や几帳の影に隠れていて、めったに姿を見せないのがたしなみであった。そのような深窓の佳人を、姿形の見えない鬼に対比させている点に警句としての妙がある。

　このように鬼は元来、形がなく姿を見せず、したがって夕刻や夜の闇にまぎれて出没するのがつねであった。『長谷雄草紙』の鬼が現れるのも夜、もしくは夕刻である。長谷雄に双六の対局を申し入れにきたのは夕刻であったし、双六に負けた鬼が賭物の美女を連れてきたのは夜であった。

　鬼がはじめて長谷雄のもとに現れたときの様子を詳しくみると、絵巻の詞書には、「或日《あるひ》、夕暮れ方に内《うち》へ参らんとせられける時、見も知らぬ男の、眼居《まなこい》賢げにて、徒人《ただびと》とも覚えぬ来て云《いわく》、…」とある。この詞書をはじめて読んだ読者は一瞬、戸惑うのではないだろうか。一読しただけでは意味がよくつかめないからだ。男がどうやって長谷雄と面会するに至ったのか、その肝心な部分が欠落していて、状況説明が不十分といわざるをえない。文章に欠損があるというよりも、たぶんこれは意図的に省略したのだろう。

鬼が一瞬のうちに家の中に入る話は『今昔物語集』巻第二十七第二十四話にもあるので参考にしてみよう。播磨国に住んでいたある人が死んだので、死の穢れを祓ってもらうために陰陽師を呼びよせた。陰陽師によると、某日、この家に鬼がやってくるという。そこで門に物忌みの札を立て、鬼が嫌う桃の木を切って道をふさいでおいた。当日、藍《あい》摺《ず》りの水干袴を着た男が門の外に立って中をのぞいていたかと思うと、いつの間にか屋内に入り込んでいた。門の外に立っていた男は鬼で、原文によれば、「此《こ》ノ鬼《おに》ノ男《をとこ》暫《しばら》ク臨《のぞ》キ立《たち》テ、何《いか》ニシテ入《い》ルトモ不見《み》エデ入《いり》ヌ」とあり、どのようにして入ったのか、わからないうちに鬼は家の中に入り込んでいた。

この話を参考にすれば、『長谷雄草紙』の詞書にある説明もあながち不自然とはいえない。鬼は人がまばたきする間もなく瞬時に邸内に侵入することができるらしい。男の訪問がそれだけ突然であり、尋常でなかったことを印象づけるために、あえて詞書にあるような表現をとったものと考えられる。

夜の闇や夕闇にまぎれて姿を見せないのが鬼であり、この場合の鬼も夕闇の中から突如現れ、一瞬にして男に化けたかと思うと、長谷雄邸の中に闖入していた。男の出現は唐突であり、本来ならそのことを説明すべきだが、あえて省略することで、男の訪問がいかに突然であったかを読者に印象づける狙いがあったものと思われる。

そして男に化けた鬼は長谷雄に双六の勝負を申し入れる。詞書によると、男は「日ごろから双六を打っている」と語っているように、これを額面通りに受け取れば、生前は双六を生業にしていたのかもしれない。死後、鬼になった死霊は生前の姿で長谷雄の前に現れたとみることができる。だから正確にいえば、鬼は男に化けたというよりも、生前の姿で長谷雄のもとにやってきたのである。

男はプロの双六打ちのようだから長谷雄との対局が楽しみである。絵巻の読者の多くもそう思うにちがいない。ところが案に相違して、双六の対局がはじまってみると勝負は一方的で、長谷雄の完勝である。シーソーゲームを予想していた読者の期待はみごとに裏切られる。男は生前、双六を生業にしていたとは思えないほど弱く、長谷雄との力量の差は歴然としているかにみえる。はたしてそうだろうか。これは鬼が仕掛けた周到な罠とみるべきで、男はわざと負けたのであって、最初から長谷雄に勝ちを譲るつもりでいたのである。

しかし勝負に全神経を集中していた長谷雄には男の意図がまったく見抜けなかったようである。男は形勢不利とみるや、鬼の本性をあらわし、すさまじい形相で長谷雄を睨みつける。これも男が手心を加えたことをカムフラージュするための演技とみるべきで、男は窮地に立たされたように見せかけて、実は迫真の演技によって長谷雄を欺いたのである。長谷雄はすっかり男の術中にはまってしまい、自分の実力で勝ったと思い込んでいる。男の思うつぼである。男は勝負に負けたあと、こんなことを言っている。すでに紹介したが、もういちど引いておく。「今は何も申し上げることはありません。私が勝つと思っていましたが、負けてしまいました」。いかにもわざとらしい弁解ではないか。しかし長谷雄は男の弁解を真に受けているようである。このあたりにも、長谷雄の生真面目で、人を信じやすい性格がにじみ出ているように思われる。男からみれば、長谷雄は御しやすい人物であったようである。

明言しておくと、男の目的は双六の勝負にあったのではない。勝敗は二の次で、賭物の美女を長谷雄に差し出すことが本来の目的であった。そのために手の込んだ芝居を打ったのである。

鬼に不用心な長谷雄

ここで長谷雄の人となりについて言及しておくと、律儀で慎み深く、決して豪胆な人物ではなかったようで、諸般を勘案すると、職務に忠実でまじめな人物像が浮かび上がってくる。

安東民児氏は『朝野群載』（巻第一）所収の長谷雄作「書紳辭」という一文に注目している。長谷雄の人柄をしのばせるような文章なので、引用させていただくことにしよう。

靡恃人之知　勿誇己之賢　須懐誠興慎　以思身之全
（人の知を恃《たの》む靡《な》かれ、己の賢を誇る勿かれ、須《すべ》からく誠目と慎しみを懐き、以て身の全《まった》きを思ふべし）

安東氏はこの一文から長谷雄の人物像を推測して、「律儀な性格で、日頃から自らの才気を覆い包み波瀾なることを回避し、いかにも慎み深く無事をよしとする挺然たる思慮の持ち主」ではないかという（『消滅と再生の遊戯――長谷雄草紙の映像と時間』、二二六頁）。ひとことで言えば、まじめで温厚な知識人といった印象である。

一方で長谷雄は世間の常識から逸脱した面も持ち合わせていたようで、次に紹介する『今昔物語集』巻第二十八第二十九の逸話は、長谷雄という人物の別の側面を知るうえで参考になる。

今昔《いまはむかし》、中納言紀《ちゅうなごんき》ノ長谷雄《はせお》ト云《い》フ博士《はかせ》有ケリ。才《ざい》賢《かしこ》ク悟《さとり》広《ひろ》クシテ、世《よ》ニ並《なら》ビ無《な》ク止事無《やむごとな》キ者《もの》ニテハ有《あり》ケレドモ、
陰陽《おむやう》ノ方《かた》ヲナム、何《いか》ニモ不知《しら》ザリケリ。

今は昔、中納言紀長谷雄という博士がいた。学識豊かで古今に及び、世に並ぶものがないほどの学者であったが、いかんせん陰陽道にはまったく暗かったという。

当時、陰陽道は吉凶を占い、行動を慎むための必須の知識であった。この逸話の続きをかいつまんで述べると、長谷雄は陰陽師に占ってもらい、鬼の出現する日を予告されながら、そのことをすっかり忘れ、物忌の日に学生《がくしょう》たちと詩作をしていた。するとかたわらの塗籠の中から吠えるような恐ろしい声が聞こえてきたので、さては鬼ではないかと、学生たちが色めきたった。塗籠の戸を少し引き開けると、その隙間から一匹の犬が出てきたので、陰陽師が占っ

た鬼とはこのことであったのかと、みなで陰陽師をほめたたえた。それにつけても中納言はあれほどの学問がありながら物忌の日を忘れるとは、なんと不覚なことだと世間から笑われたという。

この逸話によれば、長谷雄は陰陽道に疎く、占いにはまったく無頓着であったらしい。陰陽道に暗いことは非常識の誹りをまぬがれず、世間からは変人扱いされる。長谷雄の場合は学識が豊かであるだけに、そのアンバランスな点からいっても格好の標的にされたのだろう。物忌の日などそっちのけで学問に熱中する生真面目な性格。世間はそんな長谷雄の人柄を揶揄しながら、一方では大目に見るような温かいまなざしも感じられる。

この逸話でとりわけ興味深いのは、陰陽師から鬼の出現を予告されながら、それを忘れていることで、これは長谷雄が鬼に対して不用心であったことの傍証でもある。鬼にしてみれば、それだけ与しやすい人物ということになる。『長谷雄草紙』では、長谷雄は鬼の口車に乗せられて双六の勝負をするわけだが、鬼に不用心な長谷雄と、それにつけ入る鬼という構図は、すでにこの逸話でも布石が打たれていたようである。『長谷雄草紙』は生まれるべくして生まれた物語であったといえよう。

ところで、『長谷雄草紙』には先行する類話があり、そのうちの一つが『続教訓抄』第十二冊所収の説話で、もう一つはいわゆる見聞系和漢朗詠集注釈書に記載された説話である。『続教訓抄』は雅楽の口伝書集で、鎌倉後期の成立、見聞系和漢朗詠集注釈書はそれよりも古く、鎌倉中期以前にさかのぼるとされる。このように『長谷雄草紙』には大別して二系統の類話があり、草紙の作者はこれらの先行する説話を原拠に物語として完成させたらしい。類話だから内容が似ているのは当然だが、分量はいずれも短く、語り口も粗削りである。

たとえば『続教訓抄』に記載された説話の一節を紹介すると、鬼が連れてきた女は「鬼死人ノ肉共ヲ切集天以テツクリタリケルナリ」とあり、ここでは死人の肉を切り集めてつくったものだとしている。そして「切目ハ百日ニイエアウト云ナリ」といい、百日たてば肉の切れ目がふさがり、完全な肉体になるという。きわめて具体的かつ即物的な説明がこの説話の特徴であり、『長谷雄草紙』の詞書の説明との違いも鮮明である。いずれにしても女は未完成の状態で長谷雄に引き渡されたのであり、ここに女の正体を知るうえで重要な手がかりが隠されている。

百日たたなければ真人間にならない

長谷雄は双六の勝負に勝って絶世の美女をもらい受けることになった。しかし美女といっても未完成な人間で、百日たたなければ真人間にならない。長谷雄は鬼との約束を破り、八〇日目に女を犯すと、女は溶けて水になってしまった。参考までに、同じ場面を『続教訓抄』所収の説話と比較してみることにしよう。この説話では、女はさまざまな死人の肉を切り集めてつくられていた。女の体は肉をはぎ合せた跡が生々しく残っていて、百日たてばその跡が消えて、完全な肉体として再生する。そして長谷雄は五〇日目に女を犯してしまう。すると女は「悉ク酔砕天元物ニモアラスナリニケリ」とあり、肉を切り集めてつくられた女の体はちりぢりに砕け散って、元の姿をとどめることがない。女の体は砕け散って、ばらばらの肉片と化してしまったという。この説明は合理的というか、即物的でわかりやすい。

一方の絵巻では、長谷雄は鬼との約束を破棄し、八〇日目に女を犯すと水になって溶けてしまった。女が溶けて水になるのは魂が水になることだが、この問題をさらに具体的に検討してみることにしよう。

女は百日たたなければ真人間にならないという。この「百日」には何か意味があるのだろうか。長谷雄が女を犯したのは八〇日目で、『続教訓抄』の説話では五〇日目となっているから、八〇日と五〇日にはさしたる意味はなさそうである。それに対して、百日目は真人間になる日である。見聞系和漢朗詠集注釈書も『続教訓抄』も口裏を合わせたように「百日目」としているから、これには動かしがたい特別な理由があったように思われる。百日にはどんな意味があるのだろうか。

百日で思い出されるのは、安東民児氏も指摘するように（前掲書、三八二頁）、民俗学でいうモモカ（百日）である。モモカとは赤子の誕生後百日目の祝のことで、宮参りの一環として行われることが多いようである。百日目に宮参りをすることからモモカマイリともいう。宮参りは赤子が生後はじめて氏神に参詣し、氏子の仲間入りをする儀礼であり、これを契機に赤子の生存権が社会的に承認されたとみなされる。これは社会的に見たモモカの意味で、モモカといえば初宮参りのことだと一般には考えられている。

しかし魂を中心に考えると、また別の視点が浮かび上がってくる。赤子の誕生は魂のこの世での再生であり、生まれたばかりの赤子の魂はまだ不安定で、体内を出たり入ったりしている。百日目にしてようやくその魂が安定する。赤子の体内に宿った魂が安定するのが百日目で、これが魂を中心に考えた場合のモモカの儀礼的な意味ではないだろうか。

宮参りで見逃せないのは、神前で赤子をわざとつねったり、鼻をつまんだりして泣かせる風習があることで、一般的な説明では、産神に赤子の存在を印象づけるためなどといわれるが、これはおそらく後世の付会であって、魂を中心に考えれば別様の解釈が可能である。

赤子が生まれて最初に発する泣き声をウブゴエという。ウブゴエには「産声」の漢字を当てることが多く、そのために本来の意味が不明になってしまったようである。ウブゴエはウブとコエの合成語で、ウブは魂という意味であり、とくに赤子や幼児の魂は大人のタマと区別してウブと呼ばれる。ウブゴエのほかにも、ウブユ、ウブスナ、ウブメシ、ウブイレなど、誕生後間もない赤子の産育儀礼にはウブを冠した言葉がよく使われる。この場合のウブも魂という意味である。ウブユは魂が付着した聖なる水、ウブスナは魂が付着した聖なる砂、ウブメシは出産前後に用意する飯で、産神の依代、もしくはご神体である。ウブイレは生後間もない赤子の体に魂を入れることで、ウブゴエもこれら一連の言葉の一つであり、その名のごとく「魂の声」である。

ありていにいえば、ウブゴエは肉体に宿った魂が発する声であって、昔の人たちは魂が赤子の体内に入った証として聞いたのではないだろうか。宮参りで赤子をわざと泣かせる風習もこの文脈で考えるべきで、泣くのは赤子自身ではなく、体内に宿る魂であり、これで赤子の魂の無事を確認するとともに、あらためて魂が安定したことを知るのであろう。

小石と魂のシンボル

宮参りのほかに食い初めの儀礼もモモカといい、やはり生後百日目を目安に行われることが多い。大藤ゆき氏によれば、伊豆諸島の利島では百日目に膳・椀・箸などを新調して、赤子を席に着かせるという（『児やらい』、一六八頁）。膳には赤飯、尾頭付きの魚、それに小石を皿に盛り、大人と同じ料理を食べさせる。

注目したいのは、皿に盛った小石は「石のおかず」などとも呼ばれ、これを箸でつまんで赤子に食べさせる真似をすることである。小石は近くの川原から拾ってきたもので、なるべく丸い形のものを選ぶのだろう。丸い形は魂を連想させるし、魂《タマ》と玉《タマ》は同根語とされるように、玉のような形状のものには魂が宿ると信じられた。石のおかずも魂の依代、もしくはシンボルとみなされたのであろう。

玉のような丸い小石を魂の依代やシンボルとみる例はほかにもある。昔の産屋の風習では、産婦は土間に砂を敷き、その上に藁やムシロを敷いて出産した。藁やムシロを産褥にして、その下には砂を敷いたのである。この砂はウブスナと呼ばれる。先ほどもいったように、ウブスナは魂の付着した聖なる砂のことで、産婦はウブスナの上に赤子を産み落とすのである。ウブスナは一般には細かな砂である場合が多いけれども、西山やよい氏の報告では、福井県の敦賀湾にのぞむ常宮、縄間、沓などの集落にはいまでも産小屋が残されていて、床に敷く砂は梅の種ほどもある荒砂であったという（谷川健一・西山やよい『産屋の民俗』、一八三頁）。ここでは産褥の下に敷くウブスナは梅の種ほどの大きさがあり、これはほとんど小石に近い。

砂は古代ではイサゴ（以左古）とかスナゴ（須奈古）と呼ばれていた。イサゴはおそらく「石子」のことであろう。『岩波古語辞典』はイサゴを石子の意味だとしている。『和名抄』の説明では、砂は「水中細礫也」とあり、水中にある細かい礫《さざれいし》のことだという。石が水流に砕かれて小さくなったのが礫だから、砂は石から生まれた子ともいえる。砂がイサゴ（石子）と呼ばれるゆえんであろう。現代人の感覚では、砂といえばさらさらした顆粒状のものをいうけれども、古代人は小粒の石を意味するさざれ石もまた砂と呼んでいたのである。

石といえば、『万葉集』には石を詠んだ歌が何首か収められている。その多くは美しい小石で、次の歌などはその典型といえる。

信濃なる　千曲の河の　細石も　君し踏みてば　玉と拾はむ　（巻一四―三四〇〇）

信濃の千曲川のさざれ石も、君が踏まれたなら玉と思って拾うことだという。真珠のような美しい形をした小石はタマ（珠・玉）と呼ばれ、魂が宿ると信じられたから、愛しい人が踏んださざれ石にも彼女の魂が宿っているにちがいない。そんな思いがこの歌にはこめられている。

敦賀湾に面した集落では産小屋に敷くウブスナは細かなさらさらの砂ではなく、梅の種ほどもある荒砂であった。この荒砂もさざれ石に近い。『和名抄』が説明するように、古代の砂がさざれ石であったとすると、海辺に設けられた産屋の土間にもさざれ石が敷かれたのかもしれない。玉のような小石を魂の依代とみた古代人は、さざれ石にもウブ（魂）が宿ると考えた。敦賀湾の集落に残るウブスナの風習は、はしなくも古代の遺風を伝えるものではないかと私は考えている。玉のような小さな石には魂が宿ることを考えれば、梅の種ほどもある荒砂は魂の依代やシンボルとしてまことにふさわしい。

これに関連して、古墳時代の遺跡にも注目してみよう。紀州田辺の海蝕洞窟内には磯間岩陰遺跡がある。辰巳和弘氏の説明では、洞窟の最奥部に設けられた五号石室（五世紀後半）では、アジサシを胸に抱いて葬られた六歳位の少年が床に横たえられ、床には海岸から運んできた小粒の礫が敷かれていた。五号石室から八mほど離れた六号石室でも同じように小礫が床に敷きつめられていたという（『「黄泉の国」の考古学』、七二～三頁）。小粒の礫が魂の依代、もしくはシンボルであることは容易に想像できよう。

海辺は境界である。とくに海蝕洞窟は海の彼方に想定された他界の入り口と目され、死者の魂はここからあの世へ旅立つと信じられた。石室の床に敷かれた小礫は魂のシンボルであり、死者の魂が無事にあの世へ旅立つようにとの願いがこめられているようである。

人の死は魂がこの世からあの世へ旅立つことであり、逆に人の誕生は魂があの世からこの世に帰還することである。あの世から魂を迎え入れるために古くは産屋も海辺に建てられた。日本神話には、海神《わたつみのかみ》の娘トヨタマビメがウガヤフキアエズノミコトを産むとき海辺に産屋を建てた話が出てくる。これはたんなる神話にとどまらず、海辺に産屋を建てる風習が古くからあったことを推測させるもので、敦賀湾の集落に残る産屋の習俗などもその名残といえそうである。

百日目に魂が安定する

石室と産屋はいずれも死と再生の場であって、床に礫や小石が敷かれていたのも偶然ではない。敦賀湾の集落にある産小屋では、梅の種ほどもある荒砂が床に敷かれていた。この小礫というか、小さな石は、これから生まれようとする赤子の体内に入るべく魂のシンボルとして考えられていたのである。

玉のようなかたちをした小石は魂の依代、もしくはシンボルとみなされた。同じことは食い初めの儀礼に出される

「石のおかず」についてもいえる。石のおかずは川原から拾ってきた小石であり、赤子の魂は川を流れ下ってこの世にやってくることを考えれば、川原の小石を魂の依代やシンボルとみるのは自然である。

川は魂の通い路であり、これは出産にまつわる口碑や俚諺にもうかがうことができる。たとえば「お前はうちの子ではない、川から流れてきたのを拾ってやったのだぞ」「橋の下から拾ってきたのだぞ」という口碑は全国にみられる。また赤子が産まれると、「川から拾ってきた」「橋の下から拾ってきた」などというのも同じで、これらの口碑は、赤子の魂は川を通い路にしてこの世にやってくるという日本人の古い記憶がかたちを変えて伝えられてきたものにほかならない。正確にいえば、川から流れてくるのは赤子自身ではなく、その魂である。川原の小石は魂のシンボルであり、それを皿に盛っておかずに見立て、赤子に食べさせる真似をするのは、魂を直接体内に取り込もうとする即物的な意味がこめられている。

赤子は生まれると同時に体内に魂が宿る。しかしその魂も生後しばらくたてば古くなるから新しい魂に入れ替える。魂の更新である。皿に盛った小石は赤子の魂のシンボルであり、それを赤子に食べさせる真似をするのは、魂の更新という象徴的な意味があったように思われる。これで赤子の魂は安定し、人間として承認されたことになる。この儀礼が生後百日目を目安に行われることに注意を促しておきたい。

生後百日目は赤子にとって大きな節目の日であり、この日を境に体内に宿る魂が安定したことを示している。赤子の首がしっかりすわるようになるのもちょうどこの頃で、いかさま魂が安定したように見える。モモカは赤子の魂が安定し、名実ともに人間の仲間入りをはたしたことを承認する儀礼である。

ここで瀬川清子氏の興味深い報告を紹介しよう。これについても安東民児氏は言及しているが、私は多少違った視点から瀬川氏の報告に光を当ててみたい。

瀬川氏によれば、福井県敦賀湾の西浦七郷では、出産直後に産小屋に入り、出産後三十一日目に母子ともに潔斎して小屋を出て、さらに二十日間、母屋の納戸などで別火生活を送る。「百日目にやっと氏神に百日参りをして、はじめて普通の人になる」という（『女の民俗誌』、七〇頁）。

私がここで問題にするのは「普通の人」の意味である。縷々述べたように、人間は魂と肉体からなり、魂が中身で、肉体は魂を入れる容器である。魂と肉体の統一体として生きるのが現世における人間のあり方であり、この視点に立てば、普通の人とは、肉体の中に魂がそなわった状態をいうのであろう。あの世からやってきた赤子の魂は一時的に母親の胎内に宿り、生命が充実するのを待っている。母胎はこの世とあの世の境界に位置し、妊娠ならびに出産そのものが境界的な意味を帯びている。そして月が満ちて、母胎の中に宿った魂がこの世に再生をはたす。これが赤子の誕生である。魂を中心に考えれば、赤子の誕生は魂のこの世での再生にほかならない。しかし再生したばかりの魂はまだ不安定で、誕生後間もない赤子もまたこの世のものともあの世のものともつかない境界的な存在である。言葉を換えていえば、これは忌みの状態であり、母子ともに別火生活を送るのはそのためである。忌みが明けるのは百日目で、ここではじめて母親は普通の生活に復帰することができる。

宮参りを別名ウブヤアキ、ヒアケ、サンアケなどともいうが、これは忌み明けのことである。百日目とは忌みが明ける日でもあり、この日を境に赤子は正式にこの世のものとなる。魂が完全にこの世に再生し、赤子の魂が体内に定まったことを示している。これが「普通の人」の意味で、『長谷雄草紙』の女も百日を過ぎなければ「真の人」にならないという。ここでいう「普通の人」と「真の人」はほぼ同じ意味と考えてさしつかえなかろう。絵巻の詞書によれば、女は「百日過ぎなば、真《まこと》の人になりて、魂定まりぬべかりけるを…」とある。女が真の人になる条件として魂が定まることをあげている。これは赤子が「普通の人」になるのと同じ条件であり、女も赤子も魂が定まれば人間として承認されたことになる。重ねていえば、真の人、つまり人間になるとは、魂が体内に定まることをいうのである。

目に見えないカヒの中にこもる美女

では、魂が定まるとは、具体的にはどのような状態をいうのだろうか。赤子の場合は比較的わかりやすい。赤子の誕生は魂のこの世での再生であり、再生した魂は赤子の体内に宿るとはいえ、まだ不安定で体内を出たり入ったりしている。それが百日を過ぎると魂はしっかり体内に収まるようになる。赤子の魂が安定するのは、このような状態をさしている。一方の『長谷雄草紙』の女もまた百日が過ぎると体の中に魂が定まるという。ただここで注意したいのは、百日以前の女にはまだ肉体が備わっていないことで、ここに赤子との大きな違いがある。こういうと怪訝に思われるかもしれない。絵巻を見ると、たしかに女は普通の人間と何ら変わらない姿形で描かれている。しかし姿形に見えるのは、実は魂の影であって、血の通った生身の肉体ではない。女は肉体を持たない魂だけの存在である。これが女の正体であり、女は百日が経過するまでは、魂の影としてこの世に存在しているのである。

ここで魂の影について少し詳しく説明することにしよう。魂とよく似た言葉に霊がある。どちらもタマと訓じられ、意味もほとんど同じである。『和名抄』は霊（魂）を「美加介《みかげ》」とも訓じ、また魂魄の二字を用いるともいう。つまり霊（魂）は「かげ」（影）とも呼ばれ、もともと同じとみられていた。別の言い方をすれば、魂と影は不即不離の関係にあり、表裏一体とみなされていたのである。しいていえば、影は目に見えない魂が目に見える姿で現れたものをいったのだろう。

これは日本神話に登場する大物主神と大国主神の関係を考えるとわかりやすい。

『日本書紀』第八段（一書第六）には、二神の関係を語ったくだりがある。それには、「大國主神《おほくにぬしのかみ》、亦《また》の名は大物《おほもの》主神《ぬしのかみ》、亦は國作大己貴命《くにつくりのおほあなむちのみこと》と號《まう》す」とあり、大国主神のまたの名を大物主神といい、二神は同一の神だという。大己貴命は大国主神の古名である。また大物主神は「吾是汝が幸魂奇魂《さちみたまくしみたま》なり」といったともある。

大国主神はスクナビコナノカミの協力を得て国造りをはじめたものの、道半ばでスクナビコナは常世の国に帰ってしまった。ひとり残された大国主神が困っていると、そこに海を照らして近寄ってくる神があった。この神が大物主神で、大国主神の「幸魂奇魂」とされる。幸魂奇魂とは、幸いをもたらす不可思議な威力を帯びた魂というほどの意味である。大物主神は大国主神の肉体から遊離した魂で、大国主神を影のように支える存在、つまりは魂の影とみることができる。大国主神と大物主神は魂と影の関係にあり、二神が同一の神とされるゆえんである。

　魂と影の関係については折口信夫も「小栗外伝」のなかで述べている。それによると、魂はそれじたいが人の姿を持つことがあったといい、「本人の身と寸分違わぬ形を表すものとする。実体のない魂の影である」としている（『折口信夫全集』第二巻、三五九頁）。魂が目に見える姿で現れたのが影であり、魂の仮の姿といってもいい。生前と同じ姿で現れる幽霊もまた魂の影である。

　魂の影は本人と寸分違わぬ姿形をもつけれども、実体がないから手で触れることはできないし、もしかりに刃物で傷をつけても血が出ることはないはずである。実体がなく、それでいて本人とまったく同じ姿形をもつとされるのが魂の影である。

　魂が影となって現われる話は昔から多く語られてきた。たとえば『今昔物語集』巻第二十七第二十六話には、夫の亡魂が影となって現世の妻のもとを訪れたことが語られている。影は「…立テル様、有リ様ナレド怖シカリケリ」とあり、立っている姿は生前の夫そのままであるが、恐ろしかったという。そして最後は、「…人《ひと》死《し》ニタレドモ此《か》ク現《あらは》ニモ見《み》ユル者也《ものなり》ケリ」とあって、人が死んでも、影ははっきり現れるものだという言葉で結ばれている。亡霊が生前と同じ姿で現れるのは影であり、これが幽霊である。幽霊は魂の影の別名にほかならない。

魂の影

はるか時代がさがって柳田国男の『遠野物語』には、実際に影を見たという男の話が記載されているので、それを参考にしながら影の具体的なイメージを考えてみたい。

これは田尻丸吉と云う人が自ら遭ひたることとなり。少年の頃ある夜常居より立ちて便所に行かんとして茶の間に入りしに、座敷との境に人立てり。幽かに茫としてはあれど、衣類の縞も眼鼻もよく見え、髪をば垂れたり。恐ろしけれどそこへ手を延ばして探りしに、板戸にがたと突き当り、戸のさんにも触りたり。されど我手は見えずして、其上に影のやうに重なりて人の形あり。その顔の所へ手を遣れば又手の上に顔見ゆ。常居に帰りて人々に話し、行燈を持ちて行きて見たれば、既に何物も在らざりき。此人は近代的の人にて怜悧なる人なり。又虚言を為す人にも非ず（『定本柳田國男集』第四巻、三七頁）。

この話によれば、影は不明瞭とはいえ着物の縞模様も見えるし、顔の目鼻も見える。顔をはじめ姿かたちは人間と変わりがない。ただ違うのは実体がないことで、恐る恐る手を延ばして影にさわってみたものの、触れたという実感はなく、板戸に突き当たったり、戸の桟に触れたりするだけである。しかし自分の手は見えず、その上に人の形が重なって見える。顔の上に手を延ばしても同じで、手の上に顔が見えるという。同じ『遠野物語』七九話にも影を見たという男の話があって、それによれば、影は「玄関の戸の三寸ばかり明きたる所より、すつと内に入りたり」（同前、三五頁）とあり、九㎝ほど開いた戸の隙間からすっと家の中に入ったという。

これらの話を参考にすれば、影は肉体的な厚みのない不透明な薄い膜かヴェールのようなものと考えられていたらしい。魂の影の具体例をもう一つ紹介しよう。

影はあの世のものがこの世で見せる仮の姿であり、『竹取物語』にはかぐや姫が突然、影になる場面がある。かぐや姫は他界からやってきた天女であり、この世のものではない。地上で人々が見ている姫は本来の姿ではない。その姫がいよいよ正体を現すのである。かぐや姫はたぐいまれな美貌ゆえに五人の貴公子から求婚されるが、解決できそうもない難題をもちかけては拒み通してきた。そして最後に登場するのが帝である。帝は姫を説得して入内させようと画策するけれども、かぐや姫はかたくなに拒み続ける。業を煮やした帝はついに強硬手段にでる。翁の家に出向いて、姫を強引に連れ去ろうとするのである。そしていよいよ姫を輿に乗せようと近づいたその時である。

　　御輿を寄せ給ふに、このかぐや姫、きと影になりぬ。

御輿を寄せると、かぐや姫は突如、影になってしまった。かぐや姫はあの世のものだから、人々が見ている姫は本来の姿ではない。姫が影になったのは本来の姿、つまり正体を現したのであり、姫はこの世では魂の影として存在しているのである。

魂と影について長々と筆を費やしたが、これも『長谷雄草紙』の女の正体を知るための布石と思ってご理解いただきたい。女は一見したところ、肉体がそなわっているように見えるけれども、実はこれも実体のない魂の影である。実体のない魂の影といえば、鬼も同様である。鬼は死体から遊離した魂、つまり死霊であり、死霊は通常は目に見えないけれども、それが影として現れたのである。すでに述べたように、鬼は日ごろから双六を打っているとみずから語っているところをみると、どうやら生前は双六を生業にしていたようである。すると長谷雄と面会している男というのは、死んだ男の魂が生前の姿で現れたとみることができる。あるいは鬼が男に化けたといってもいい。いずれにしても絵巻に登場する鬼は終始魂の影として描かれているのである。

女も同様で、百日が過ぎるまでは魂の影として存在しているのである。女が鬼の仲間であることを考えれば、これも納得がいくはずである。

鬼が連れてきた女は魂の影であり、目に見えない魂が仮の姿で現れたもので、魂が完全に復活・再生すれば、影もまた実体のある肉体へと変容する。それまでは女は魂の影として、この世にかりそめに存在しているにすぎない。魂と影は表裏一体であるから、魂がこの世に再生をはたせば影もまた実体を獲得し、肉体になると考えられたようである。百日たてば女が真の人になるとは、具体的にはそのような意味にとれるのである。

折口信夫がいったように、ものが誕生するにはカヒのような密閉された空間の中にある期間こもっていなければならない（「霊魂の話」）。天孫ホノニニギが天降ってくるときにくるまれていたのは真床覆衾《まとこおふふすま》であった。真床覆衾は一種の寝具で、天孫ホノニニギはこれにくるまれて天降ってきたのである。また『竹取物語』のかぐや姫がこもっていたのは竹の節《よ》であった。ホノニニギもかぐや姫もあの世のものであり、あの世のものがこの世に再生するには、真床覆衾や竹の節というカヒのような密閉された容器の中に一時こもって魂が充実するのを待たなければならない。

魂の死

『長谷雄草紙』の女もまたこの世のものではない。魂が影として現れたもので、百日を経過すればこの世のものに再生することができる。女はむろんカヒの中にこもっているわけではないが、それと同じような状態にあるとみていいだろう。女はいわば目に見えないカヒの中にこもって、この世に再生するのをじっと待っている。そして忌みが明けるのは百日目である。これは魂が充実して、この世に再生するのが百日目という意味である。ところが長谷雄はその日を待てずに女を犯してしまう。この場面は物語のクライマックスであり、念のために詞書にもう一度目を通しておこう。

必ず百日としもさすべき事かはと、堪え難く覚えて親しくなりたりければ、即ち、女水になりて流れ失《う》せにけり。

「親しくなりたりければ」とは、いうまでもなく女と関係をもつことであり、これはカヒの中にこもった魂をむりやりこじ開けるに等しい行為であって、はたせるかな、魂は水になって消失してしまった。女の魂はこの世に再生することなく、死んでしまったのである。魂が水になるとは、魂の死を意味している。

詞書にある「女水になりて」は「魂水になりて」と言い換えることもできるし、女（＝魂）は水に溶けて消失してしまった。ここで女の正体がはしなくも暴露されたのである。

ひるがえってみれば、これは月満たずに胎児が死んでしまう流産にもたとえることができよう。日本人の古い記憶では、現世と他界の間は水域によって隔てられていて、赤子の魂は川を通い路にしてこの世にやってくると考えられた。そして魂は一時母胎の中に宿り、月が満ちると赤子としてこの世に再生する。母胎もまたカヒであり、赤子の誕生は魂のこの世での再生であって、魂は成熟するまでは母胎というカヒの中にこもっているのである。先ほどもいったように、『長谷雄草紙』の女も目に見えないカヒの中にこもって魂が充実するのを待っていた。ところが長谷雄はカヒをむりやりこじ開けたことから、魂は未成熟なまま死んでしまった。これは一種の流産であり、胎児が月満たずに死ぬのと同じような状況が女の身にも起きたのである。

月満たずに胎児が死ぬのは、母胎の中に宿った魂の死であり、したがって死産した胎児は未成熟なまま死んだ魂のいわば脱け殻ともみなされたのだろう。

魂と水は密接な関係にあって、生まれて間もない赤子を「みずこ」というのも深いいわれがある。みずこは「水子」で、文字通り水から生まれた子という意味であろう。また流産したり間引いたりすることを「水にする」とか「水となす」などといって、その赤子を「水子」という。岩手県水沢市の羽田では、一歳未満の乳児が間引き、病気などで亡くなると、ミズコとか「水の泡」と呼んでいる（『水沢市史』六、六八〇頁）。三重県の有馬でも、間引いた生児の死体は池や海に捨てた。これを「水にする」とか「潮かいにやる」とかいった（『日本民俗地図』Ⅴ、二四九頁）。

ミズコ（水子）は水のように、あるいは水の泡のようにはかなくなった子という意味にもとれるが、おそらくそうではあるまい。ミズコは水になった子というのが本来の意味であり、水の泡も同様であろう。正確にいえば、水になったのは赤子自身というよりもその魂であって、流産したり堕胎したりして死んだ赤子の魂は水になることからミズコと呼ばれるのである。

かつて流産したり堕胎したりした胎児の亡骸はコモや桟俵に包んで川に流す風習があった。コモや桟俵に包まれた亡骸は母胎の中の胎児を思わせるし、この風習には、赤子の魂を他界へ送り返すという象徴的な意味がこめられているようである。川に流すのは嬰児の亡骸だが、そこには水になった魂を流すという意味合いも感じられる。赤子の魂は川を通い路にしてこの世にやってくるけれども、不幸にもこの世に再生することなく水になった赤子の魂はふたたび川に流される。水になった魂は嬰児の亡骸に仮託して、魂のふるさとともいうべき他界に帰っていくのである。コモや桟俵に包まれた嬰児の亡骸は水になった魂のシンボルでもあったのだろう。

魂と水の関係については古くから論じられてきた。たとえば古代ギリシアの哲学者ヘラクレイトスは『断片』のなかで次のように述べている。「水になることは魂にとっての死である」と（ジョン・バーネット『初期のギシシア哲学』、二〇七頁）。また、「水から魂が生じる」ともいう。

この含蓄のある言葉が水の性質と深くかかわっていることは容易に理解できよう。そもそも水は流動的で形が定まらず、それゆえに両義的な性質を帯びている。水は無形態でカオスをあらわし、水から生まれるのは秩序への移行であり、逆に水に帰るのは死を意味する。エリアーデは「水中に沈むことは無形態への退行であり、存在以前の無分の状態への回帰であり、水没は形態の分解を意味する」と述べている（『イメージとシンボル』、一九五～六頁）。

ヘラクレイトスの魂に関する省察は、おそらく水の性質そのものから紡ぎ出されたのであろう。ヘラクレイトスのひそみにならっていえば、魂は水から生まれ、死後はふたたび水に帰るのである。

魂と水の親和関係

漁師の間に伝わるエビス信仰もまた水の性質と深くかかわっているようである。エビスとは海で見つけた水死体のことで、漁の幸をもたらす神と信じられている。漁師は海で水死体を発見すると、そのまま放置せずにかならず引き上げる。水死体はケガレであり、そのまま放置すれば漁師もケガレを帯びることになるからだ。水は無形態でカオスをあらわし、水の中から引き上げるのは秩序への移行であり、水死体というケガレが水中から引き上げられることで、ケガレは一転して福をもたらすエビスへと転換される。カオスから秩序への逆転現象が生じるのは、水の両義的な性質ならではといえよう。

水没は死を意味し、逆に水から引き上げられることは生を意味する。魂が水になる、あるいは魂が水に帰るとは、要するに魂の死にほかならない。カリン・アンデルテンによれば、ゲルマン人の信仰では、誕生前の魂は水の中にいるとされ、死後、魂はふたたび水の中へ戻っていくのだという（『水の夢』、六二頁）。魂は水から生まれ、そして死後はふたたび水に帰るのである。

これは魂を意味する英語のソウル（soul）の語源にも反映されているようである。酒井健氏は、「この語源はどうやらドイツ語の魂ゼーレ（seele）と同じく、古ゲルマン語の湖あるいは海を意味するサイヴィズ（saiwiz）にあるらしいのです。人間の魂は湖あるいは海から生まれ、肉体の死後そこへ帰っていくという古いゲルマン人の伝承に端を発しているようです」と述べている（『魂の思想史』、一〇頁）。魂は水から生まれ、死後はふたたび水に帰るという発想は、水の両義的な性質を反映したものだといえる。

同じことはヨーロッパ中世の錬金術についてもいえる。錬金術でも水と霊魂は密接な関係にあるとユングは述べている。それは「永遠の水」と呼ばれ、あらかじめ肉体のなかに存在していたもので、これが「術」によって誘いだされる。この水は一種の「魂」あるいは「霊」、すなわち心理的な物質とされる（『結合の神秘』Ⅰ、二八八～九頁）。錬金術の世界では肉体の中に存在する魂は永遠の水と呼ばれているのである。

またファン・ヘネップはアッサムの南部に住むルシュイ族に伝わる話を紹介している。これは魂と水の関係を説話風に語ったもので、それによると、死者の魂はいったんこの世を去った後、モンスズメ蜂の姿でこの世に戻ってくる。しばらくしてこの魂は水に姿を変え、蒸発して露となる。露の雫がある男の上に落ちると、その男は死者の生まれ変わりである赤ん坊をもうけることになる。これは母親ではなく、父親による魂の再生というきわめてまれな場合だという（『通過儀礼』、一三七～八頁）。魂はモンスズメ蜂の姿でこの世にやってくるが、その後は水に姿を変え、最終的には赤子としてこの世に再生する。ここでも魂は水の中に溶けていると考えられているのである。

これまで述べてきたことから明らかなように、魂と水は親和関係にあって、このことは日本人の古い霊魂観にもみられる。赤子の魂は川を通い路にしてこの世にやってくる。そして死後はふたたび同じルートを通ってあの世に帰っていく。魂が水を媒介にして現世と他界を往還するという考えも、煎じつめれば水の性質に由来するわけで、それゆえに民族を超えて普遍性がみられるのである。赤子の魂は他界からやってくる。他界は魂のふるさとであり、そこは母なるもののイメージにいろどられている。バシュラールは「水はわれわれを運ぶ。水はわれわれを揺する。水はわれわれを寝かしつける。水はわれわれに母を返してくれる」と述べている（『水と夢』、二〇八頁）。水は女性原理、とりわけ母性原理の具体的なイメージのあらわれであり、水の属性そのものが母なるものを体現しているのである。

前述したように、生後間もない赤子をミズコという一方では、流産したり間引いたりした子もミズコという。とくに後者の場合は、水になった子という意味でそう呼ばれる。水になるのは魂の死であり、赤子の魂は死後、水に帰るのである。ミズコは魂が水になった子であり、水になるとは、母なるものへの回帰、母胎回帰でもある。ミズコはふたたび生まれるために母胎に回帰するのであり、コモや桟俵に包まれた嬰児の亡骸が川を流れていく情景にその具体的なイメージを見ることができる。子供は神からの授かりものだから不要な子はお返しするなどといわれる。嬰児の亡骸は母胎のなかの胎児さながらにコモや桟俵に包まれて川を漂流し、他界へ帰っていく。そしてミズコになった魂は母胎に回帰し、もう一度生まれる機会を待っている。魂は水から生まれ、死後はふたたび水に帰る。水に帰った魂はあらためて水から生まれるのであり、魂は水を媒介にして死と再生を繰り返している。バシュラールがいうように、「水はわれわれに母を返してくれる」のである。

水に帰る魂

魂を水に帰すのは赤子にかぎったことではなく、死者についても同様のことがいえる。死者の葬送には水にまつわる儀礼が多くみられ、湯灌なども古くは死体を実際に水で洗ったらしい。たとえば石川県の今立では、かつて死者は水の中に入れて洗ったといい（『日本民俗地図』Ⅶ、一八五頁）、香川県の久松では、「生まれ井の水」を汲んできて、この水で死者を洗うという（同前、四六〇頁）。生まれ井の水とは産湯の水のことで、要するに蘇生の水である。赤子の誕生は魂のこの世での再生であり、そのときに浴びるのが産湯すなわち蘇生の水である。魂は産湯という蘇生の水を浴びることでこの世に再生するのである。

さらにわかりやすいのは沖縄の事例である。池間や前里では湯灌を「スデ水アビシ」といって、スデ水を汲んできて洗う（同前、四六一頁）。スデ水は蘇生の水とされ、生まれたばかりの赤子が浴びる産湯もスデ水と呼ばれる。赤子の魂は産湯を浴びてはじめてこの世に再生することができる。死者もまた赤子と同じように蘇生の水で洗われる。これは逆に魂をあの世に再生させるためである。死者を洗うのは、魂を水に帰してあの世に再生させるためであり、厳密にいえば、洗われるのは死体ではなく魂と考えるべきで、湯灌はその象徴的な儀礼とみることができる。

また広島県の筒賀では、「バアノタライビキといって、取り上げバアが死体の世話をした」（同前、三三六頁）。岡山県久米郡などでも、引上婆さんが片手間に死人の世話までしたという（大藤ゆき『児やらい』、五八頁）。取り上げバア、引上婆さんは産婆のことで、産婆は魂の管理者として死と再生の儀礼には欠かせない存在であった。

西洋にも同じような風習があったようで、「洗濯女」とか「お助け女」などと呼ばれる女性が赤子に産湯をつかわせる一方では死者の世話もした。「洗濯女」や「お助け女」は日本でいえばさしづめ産婆にあたる。産婆が死者を洗う湯灌の役目もかねていたのである。洗濯をしない間は、死者は旅立てないともいわれ、死者は洗われることで、その魂が水に帰るのである。魂と水の親和関係は産湯や湯灌の儀礼にもみることができる。

ついでながら、魂と水の関係は民家の構造にもあらわれているようである。三重県北牟婁郡須賀利村（尾鷲市）では流しの上の窓をミズマドという。ミズマドは「水窓」で、魂はこの窓から出るので、夜は早く締めるようにする。かつて屋内で使用する水はもっぱら飲料水で、水を汲み込む窓が重くみられていたようだという（『綜合日本民俗語彙』四、一五一六頁）。ミズマドは水を屋内に汲み込むための窓で、水の通り道だから、水が魂を運ぶとすれば、魂の通い路でもある。夜間は霊魂が活動する時間であり、魂のはたらきが活発になる。とくに睡眠中は肉体から魂が遊離することがあるので、魂が水に導かれてミズマドから屋外に出ないように、夜は早目に締めるのである。逆に悪霊などが屋内に侵入するのを防ぐという意味もあるのだろう。

ミズマドは水を汲み込む窓であることから魂の通い路でもあった。ここにも魂と水の親和関係がみられるのは興味深い。

魂が死後、水に帰るといえば、『今昔物語集』巻第二十七第五話には、池の水の精が水になって溶けて消失するという『長谷雄草紙』の女をほうふつさせる説話が語られている。それによると、令泉院の池水の精が夜な夜な現われては人の顔をなでるという悪戯をするので、腕自慢の男が捕まえて縄で縛りあげたところ、見れば身の丈三尺（九〇cm）ほどの小さな翁であった。翁は消え入りそうな声で、「盥を持ってきてはもらえないだろうか」という。そこで大きな盥に水を入れて翁の前に置くと、「わしは水の精ぞ」といったかと思うと、水の中にずぶりと落ち込んで、そのまま姿を消してしまった。すると盥の水かさが増えて縁からこぼれ、翁を縛った縄はそのまま水のなかに残っていた。

翁は水になって溶けて消えてしまったのである。翁が水になったことは、翁の容積分だけ水かさが増えたことで暗示されている。水の精が溶けて水になるのは当然のようだが、これもエリアーデがいうように、「水没は形態の分解」であり、つまりは死を意味する。水の精は死んで水になったのであり、水になることは魂や精霊の死を意味するのである。『長谷雄草紙』の女が水になったのも、女の魂がこの世に再生することなく死んだことを考えれば十分に納得がいくはずである。

水になった子

魂と水の関係を語った説話や伝説はほかにもある。中国の怪異小説『異苑』に収録された「幽霊の子」も魂と水の関係を題材にした作品である。晋代の頃、潁川《えいせん》（河南省許昌）の荀沢《じゅんたく》は太元年間に亡くなったが、その幽霊が姿をあらわして家に帰り、妻の孔氏と仲むつまじく暮らした。やがて孔氏は懐妊し、一〇カ月後に出産したが、生み落したのはすべて水であった（中国古典文学大系二四『六朝・唐・宗小説選』、五七～八頁）。

妻の孔氏が生み落した水は死んだ魂と考えられる。死んだ魂が水として生まれてきたのである。幽霊はこの世で死んだ魂が仮の姿で現れたもので、いわゆる魂の影である。幽霊の夫が妻に産ませた子は死んだ魂の子であり、魂は死ぬと水になるから、その子もまた水として生まれる。妻の孔氏が生んだ子は文字通りミズコであり、魂が水になった子にほかならない。

同じような話は『捜神記』巻一一—二九五の「水になった子」（児化水）にもみられる。漢の時代の末頃の話である。零陽郡（湖南省）太守の史満には娘が一人いた。彼女は父の部下の書佐（役所の書記）に恋心を抱くようになった。そこで女中に言い含め、書佐が手を洗った残り水をひそかに持ってこさせて飲んだ。すると妊娠し、やがて男の子を生んだ。男の子が歩けるようになったある日のこと、太守が孫を抱いて部下たちの前に出て、お前のお父さんを探せと言うと、子供はまっすぐに這って行って、書佐の胸に抱きつこうとした。驚いた書佐が押しのけると子供は床に倒れて、水になってしまった（二二七頁）。

書佐が手を洗った水には彼の魂が溶けていた。史満の娘がその残り水を飲んだことから妊娠し、男の子を生む。子供がようやく歩けるようになったころ、書佐の胸に抱きつこうとして床に倒れた瞬間、子供は水になってしまった。これは魂が死んだことを示している。子供は魂の仮の姿であり、倒れたはずみに魂が死んで水になったのである。魂は水から生まれ、死後はふたたび水に帰る。子供は魂のままであり続けたために、水から生まれたものの、死後はまた水に帰ってしまったのである。

カリン・アンデルテンによると、「本質的に私たちの中にありながら、実際に生きられることのできないものは、水のように形も形態もないままにありつづけます」という（『水の夢』、七五頁）。この言説を参考にすると、史満の娘は書佐に片思いをした。書佐を思う気持ちは娘の心の中にありながら、実際にははたせない夢であり、書佐の魂が溶けている水を飲んでその思いを遂げたつもりが、しょせんは生きられなかった彼女のはかない生でしかない。妊娠したものの、生まれた子供は魂のままで、あっけなく死んでしまった。子供は娘のかなわぬ恋の代償としてかりそめにこの世に生を受けたにすぎず、子供が水になったのは、生きることのできなかった娘の心がそこに投影されているのである。

この説話を深層心理学的に分析すれば、以上のように解釈できるのではないだろうか。

日本の伝説にもこれとよく似た話がある。富山県西礪波《となみ》郡子撫《こなで》村には子撫川譚という伝説が残されている。一人の僧が東国から京にのぼる途中、この村のある家に立ち寄り、茶を乞うた。茶の接待をしたのはその家の娘であった。娘は僧に一目惚れをし、僧が去ってから、恋しさのあまり、僧の飲み残した茶をすすりつくした。するとにわかに妊娠し、子を生む。三年後、ふたたび僧が家に立ち寄ったので、娘は子を呼びよせて、ことの次第を語り僧に迫った。僧は静かに念仏を唱えて、その子を撫でると泡のように溶けて川に流れ込んだ。そのことから、川は子撫川と名づけられたという（石上堅『水の伝説』、九一～二頁）。

僧が飲み残した茶には僧の魂が溶けていた。それを飲んだ娘が妊娠する。すでにみたように、水沢市ではミズコのことを「水の泡」とも呼んでいたが、子が泡のように溶けるところなどはまさにミズコを思わせる。ミズコは水になった子であり、その意味では、この伝説に登場する子もまたミズコといえよう。

『捜神記』の「水になった子」と、いま紹介した富山県の子撫川譚の二つの話に共通しているのは、水や茶に溶けた魂を飲んだ娘が妊娠し、子を生むことである。子供は魂の仮の姿であって、水の中から生まれた魂が子供の姿を借りてこの世に再生し、そして魂が死ぬとふたたび水に帰る。子供は魂の仮の姿であり、かりそめにこの世に生を受けたにすぎず、はかないその命は、死ぬと泡沫のように溶けて水になってしまう。これは『長谷雄草紙』の女にも一脈通じる話で、女は百日たてば本当の人間になることができる。それまでは女は魂の仮の姿としてこの世に存在しているにすぎず、魂が死ねば水に溶けて消えてしまうのである。

魂と水に関連する話をもう一例紹介しよう。『神道集』所収の「熊野権現の事」には、髑髏が三年後に水になって消失するという話がある。昔、中インドの善財王《ぜんざいおう》には千人の妃がいた。妃はそれぞれ都を構えて住んでいた。西の端に住む妃は五衰殿《ごすいでん》の女御《にょうご》と呼ばれ、千人の妃のなかで最も醜い女であったが、観音の利益《りやく》によって光り輝く美貌の女に変身した。それからは王の寵愛を一身に集め、やがて王子を懐妊した。しかしそれが禍のもとで、ほかの妃たちの妬みを買い、五衰殿の女御は王子を出産した直後に妃たちの配下の侍によって斬首された。ひとり残された王子は奇跡的にも十二頭の虎に守護され、すくすくと育った。そして三年目の誕生日を迎えると、母の髑髏は水となって消えてしまった。

この場合の水は魂であり、魂が水となって髑髏から離脱したことを示している。魂は肉体のなかでもとりわけ頭部に宿るとされる。魂が肉体から離脱した後に残った髑髏は魂の脱け殻だが、しかし五衰殿の女御の魂は髑髏に宿ったままであった。そして王子が三歳になったのを見とどけるように魂は水となって髑髏から離脱していく。それと同時に、魂の脱け殻である髑髏もまた消失してしまうのである。

いま紹介した三つの説話は魂と水の関係を語った話であり、とくに『捜神記』の「水になった子」と富山県の子撫川譚は、誕生前の魂は水の中にいて、死後、魂はふたたび水の中へ戻っていくというゲルマン人の信仰にも通じるといえよう。子撫川譚では、死んだ魂は泡のように溶けて川に流れ込んだというから、魂は死後、川を通い路にしてあの世に帰って行ったことが想像できるし、水になった魂の行方を暗示しているようである。これは『長谷雄草紙』の女との関連からいっても、きわめて示唆に富む話である。

美女の正体

説話や伝説の紹介に紙数を割いたが、ここで『長谷雄草紙』第四段十六紙のクライマックスの場面に戻る。長谷雄は百日という約束の日を目前にして女を犯してしまう。すると女は水になって溶けていく。水は縁先から庭へと流れ落ち、さらにその先に目を凝らすと、遣水がさりげなく描かれている。水はどうやら遣水に向かって流れていくようである。魂は死後、水に帰ることを考えれば、ここに遣水が描かれているのはすこぶる暗示的といわざるをえない。水になった女の魂は遣水とともに流れ去っていくのである。

遣水は寝殿造の庭園には欠かすことのできない人工のせせらぎである。寝殿造庭園の作庭秘伝書ともいうべき『作庭記』（一一世紀末頃成立）には、「遣水はそのみなもと、東北西よりいてたりといふとも、対屋あらはその中をとほして」とあり、水は寝殿のほぼ北から東に向けて、対屋があればその下を流すのを基本とした。水は川や池から邸内に引き込み、庭園の遣水を流れて最後はまた邸外の川や池に流す。『長谷雄草紙』に描かれた遣水は、水になった女の魂の行方を示唆しているようである。女の魂は水になって遣水に流れ込み、そして川を流れ下り、最終的にはどこへ流れていくのだろうか。おそらく他界に帰っていくものと考えられたにちがいない。川は魂の通い路であり、この世に蘇生することなく死んだ女の魂もまた川を漂流しながらあの世に帰還する。絵巻に描かれた遣水がそのことを暗に示唆しているようである。

現世と他界の間には水域が広がっていて、赤子の魂が川を通い路にしてこの世にやってくるように、死者の魂もまた同じルートを通ってあの世に帰っていく。前にも述べたように、生まれても魂を吹き込まれることなく闇に葬られた嬰児の亡骸はコモや桟俵に包んで川に流したりした。コモや桟俵に包まれた嬰児の亡骸は水になった魂の象徴であり、堕胎したり間引いたりすることを「水にする」という風習の原風景がここには見られるようである。水にするとは、魂を水にするという意味であり、水になった魂は川を流れ下り、最終的には他界へと運ばれていく。嬰児の亡骸が波にもまれながら川面を漂流する情景は、『長谷雄草紙』の女の魂が水になって遣水に流れ込み、川を流れ下るイメージとも重なり、魂の行方を暗示してやまない。この世に蘇生することなく水になった女の魂は、そのふるさとともいうべき他界に帰還するのである。

ここで鬼が長谷雄に女を引き渡すときにいった言葉を反芻してみよう。「もし百日がたたないうちに女犯の気持ちを起こせば、かならず不本意なことが起こるでしょう」。長谷雄は八〇日目に女を犯してしまう。「百日」の意味の重さを長谷雄は十分に理解していなかったようである。

百日が過ぎるまで、女は魂の影としてこの世にかりそめに存在しているにすぎない。その美しいかんばせも、たおやかな肉体も実体のない影であり、血の通ったものではない。魂と影は不即不離の関係にあり、魂が死ねば、その影もまた消失してしまう。女の魂は死んで水になると同時に、その影もまた消えてしまうのである。肉体のように見えたものが、実は影であった。その事実がここではじめて明かされるのである。

女の魂は百日目にこの世に再生する。魂の影は実体を獲得し、女は名実ともに一人の人間としてこの世に蘇生するはずであった。しかし長谷雄の失態によって、はしなくも女の正体が暴露される。女は血の通った生身の人間ではなく魂の影であった。

女の正体を知った長谷雄の驚きは想像にあまりある。長谷雄は水になった女を前にして驚くと同時に、悔やむことしきりである。しかしいくら後悔しても、覆水盆に返らずのことわざ通り、いまとなっては取り返しがつかない。物語は長谷雄の悔恨の念という余韻を残しながら、ここでひとまず完結をみる。かりに物語がここで終止符を打ったとしても、だれも怪しまないだろう。双六の勝負に勝ったものの、鬼との約束を破ったために、絶世の美女を手に入れそこなった男の物語として読めばそれなりの面白さはあるし、話の結末としても自然である。

人間の精気を受けて蘇生する

ところが、あにはからんや、物語はここで終わらず、三カ月後に鬼が長谷雄を襲うという話が過上される。この物語の核心部分は女が水になって溶けることであり、それを前提に話をすれば、鬼が長谷雄を襲う後日譚は蛇足のようにも思える。長谷雄が美女を手に入れそこなったのは自業自得であって、物語はそこで終わったとしても、いっこうに差し支えはないはずである。にもかかわらず、物語はなぜか後日譚を添えて完結とした。その理由を考えてみることにしよう。後日譚には魂の蘇生の問題が隠されているようで、考えようによっては、それが『長谷雄草紙』という物語が書かれた本当の目的でもあったらしい。

鬼が長谷雄を襲うのは双六の勝負に負けた意趣返しなどではなく、そのことは物語をよく読めばすぐにわかるはずである。そもそもこの物語には最初から不自然さがつきまとう。長谷雄が参内をすっぽかして男と双六に興じることじたい正気の沙汰ではない。これは明らかに職務放棄であり、とくに律儀で職務に忠実な長谷雄の性格を考えるとなおさらである。また勝負が一方的であったのもそれに劣らず不自然である。長谷雄に双六の対局を申し入れたときの鬼は自信ありげで、当然ながら読者はシーソーゲームを期待していたのに、いささか拍子抜けの感がある。双六の勝負にかぎっていえば、すでに述べたように、鬼ははじめから負けるつもりでいたのである。鬼にしてみれば、双六の勝敗は二の次で、賭物の美女を長谷雄に託すのが目的であった。

もし初対面の男からいきなり美女を提供するといわれれば、誰しも怪訝に思うだろうし、いわんや貴顕紳士たる長谷雄のことである。鬼の目論見は最初から頓挫するに決まっている。双六の勝負の賭物にかこつければ怪しまれることはない。鬼は周到な準備をしたうえで長谷雄に近づいたのであり、長谷雄は鬼の計略にまんまとはまってしまったのである。

それにしても鬼はなぜ女を長谷雄に預けようとしたのだろうか。このあたりの事情は詞書にも書かれていないので推測するしかないが、鬼は死人のいいところを寄せ集めて美女をつくったものの、最後の仕上げをしてくれる協力者を探していたのである。鬼にできるのは人造人間をつくることで、それに精気を吹き込むのは生きた人間しかできない。鬼はあの世のものであり、肉体をもたないから、この世の精気を吹き込むには人間の協力が不可欠である。死人のいいところを寄せ集めてつくられた女はこの世の精気を受けることで、はじめて肉体を持ち、この世に蘇生することが可能になる。魂は肉体という容器を得て、現し世で生きていくことができるのである。

女に精気を吹き込むにはどうしたらいいだろうか。具体的には男の精気（＝精液）を受けることだと考えられる。女は百日たてば魂が定まり、本当の人間になる。しかし厳密にいえば、これだけでは不十分で、最後の仕上げが必要であった。鬼が長谷雄に美女を託す場面を振り返ってみると、まず『続教訓抄』の説話では、「百日ヲスキテ犯シ給へ」と鬼はいう。表現は直截的というか露骨であり、はっきりと犯すようにいっているのは見逃せない。とにもかくにも、男の精気を受けなければならない。そんなニュアンスが言外から伝わってくるようである。

一方の絵巻はというと、詞書には、「但《ただし》、今宵《こよい》より百日を過ぐして、まことには打ち解け給へ」とあり、こちらはぼかすような間接的な言い回しである。文飾をほどこした修辞的な表現といえるだろう。『続教訓抄』の説話の表現は露骨かつ素朴なだけに、かえって話の趣旨がわかりやすい。いずれにしても女が蘇生するには、最後の仕上げとしてこの世に生きる男の精気を受ける必要があったのである。このことをあらためて強調しておきたい。

『長谷雄草紙』の女はあの世のものである。あの世のものが男の精気を受けてこの世に蘇生する話はとくに中国の怪異小説には多い。たとえば一七世紀に成立した『聊斎志異《りょうさいしい》』には、女の亡霊がひとしずくの生き血を受けて百日目に甦る話がある（「青い鳥」）。百日目は奇しくも『長谷雄草紙』の女の場合と同じで、ともあれ話のあらすじを紹介しよう。

楊于畏《よううい》は泗水《しすい》（山東省）のほとりに引っ越して住んだ。書斎は荒れ野に面していて、築地塀の向こうには古い墓がたくさんあった。ある晩、ひとりの女がふらふらと草むらから出てきた。楊と懇意になり、以来、毎晩のようにやってくる。女が楊に打ち明けていうには、「永いこと愛していただいたために、私も生き人の息吹を吸い、また毎日、煮炊きをした人の世の食べ物をたべて、死んだ身にも急に生命の気が宿ってきました。でも生きた人の精血を身に受けなければ、ふたたび生き返ることはできないのです」と。そこで楊は鋭利な小刀をとって腕に突き刺し、血を出した。

女は寝台の上に横たわりながらその血の滴《したた》りを自分の臍の中に受けた。そして起き上がって言った。「百日たってから私の墓の前の木のいただきに、青い鳥が来て止まって鳴いているのをお見かけになったら、すぐに墓を暴いてください」。遅すぎても早すぎてもいけないという。その日がやってきた。墓を掘り返してみると、棺はもう朽ちていたが、女の顔はまるで生きているようであった。楊は女を着物にくるんでかついで帰り、そして薄い粥をすすらせると、夜半になって女は甦った（中国古典文学大系四〇『聊斎志異』上、二〇七～一三頁）。

楊の前に現れた女は死霊である。死霊は死体から遊離した魂であり、この場合は女の魂が仮の姿で現れたもので、要するに魂の影である。楊と懇意になるにつれ、しだいに生気を回復する。しかし男の精血を受けなければこの世に蘇生することはできない。血液と精液は神話的には同格とみなされ、この場合の精血は精液のメタファーといってもよく、そう考えると、『長谷雄草紙』の女が男の精気を受けてこの世に再生する話との距離が一気に縮まるのがわかるだろう。

鬼が長谷雄を襲う

楊と懇意になった女は死霊であり、それが魂の影として現れたのである。『長谷雄草紙』の女も魂の影であり、どちらも男の精気を受けてこの世に蘇生するというモチーフは共通している。

精血は精液のメタファーであるといえば、ギリシア神話に登場する豊穣の女神アフロディテの伝説が想起される。アフロディテは男神ウラノスがクロノスによって去勢されたときに、その生殖器から流れた血を受けて海の波間から生まれた。生殖器から流れた血は明らかに精液を暗示させるし、血液と精液を同格とみる神話的イメージがここには具現されている。そしてその滴り落ちた血（＝精液）を受けて海から誕生したのがアフロディテである。アフロディテとは「波間から生まれた」という意味で、波は母親元型の具体的なイメージのあらわれであり、したがってアフロディテは原初の海（＝母）から生まれた女性という意味にもなるだろう。またアフロディテは「海を支配する」女神ともいわれ、キプロス島では、たんに「マリMari」（海）と呼ばれたのもその間の事情を説明する。ちなみにボッティチェリの「ヴィーナスの誕生」（一四八七）がこの神話を題材にした作品であることはよく知られている。

血液の呪力に関連していえば、神に供する生贄も、実は動物の肉よりもむしろ血液が重要視されたらしい。デーヴィッド・ダンズリーによれば、「ギリシア人は供犠の際、流された血液の生命力を吸収しようとして、そこに諸霊が集まってくる」という（『霊・魂・体』、一三頁）。神に供された生贄の血には聖なる呪力がある。そのおさがりにあずかろうと、さまざまな霊魂が群がる。このような生贄の神聖なる血の呪力は、近世ヨーロッパにも脈々と受け継がれていて、たとえばフランス革命では、断首された死体からほとばしる血をハンカチーフにひたして護符にしようとする女性たちがいたという（山口昌男『歴史・祝祭・神話』、七七頁）。

日本でも人間を含む動物の体内を流れる血はカグツチ、イカツチ、ミツチなどの「チ」と同じ古い霊格をあらわす語で、マナに近い言葉である。血がチと呼ばれるのは、マナすなわち呪力を内蔵しているからにほかならない。血は人間や動物の生命を維持するのに不可欠なものであり、体が傷つき、大量に出血すれば生命の危険にさらされる。血には聖なる呪力があるとする考えは普遍的であり、されば『聊斎志異』の説話の亡霊が生きた人間の鮮血を受けて蘇生する話も、血液の生命力、呪力を考えれば、ごく自然に理解できるのである。

繰り返せば、神話的には血液と精液は同格であり、この伝統は中世の説話や伝説にも受け継がれている。だから血液を体内に受けるのも精液を受けるのも同じことであり、『長谷雄草紙』の女も男の精気を受けてこの世に蘇生するはずであった。ところが長谷雄の破約によって、女は水になって消失してしまった。女は魂の影として、いわば陽炎《かげろう》のごとく現し世に存在しているにすぎず、その体はまだ精気を受ける準備ができていなかったのである。鬼が「百日を過ぐして、まことには打ち解け給へ」と言ったのも、その真意はそこにあったと考えられる。

いずれにしても、長谷雄は鬼との約束を破ったために美女を手に入れることができなかった。その事件があって三カ月ほどたったある晩のこと、長谷雄は内裏から帰る途中であった。長谷雄が乗った牛車にすさまじい勢いで近づいてくるものがいる。見れば例の鬼である。鬼は血相を変えて詰問する。「君信こそおはせざりけれ。心憎《こころにく》うこそ思ひ聞こへしが」と。お前は信義をわきまえない奴だ。憎んでも憎み切れないという。人間はときに嘘をつくこともあれば、相手の期待を裏切ることもある。それでも事情によっては許されることもあるだろう。それがこの世に生きる私たち人間の常識というものだが、鬼の世界ではその常識が通用しないのだろうか。

鬼は性格的にも信義を重んじ、とくに虚言を極端に嫌ったらしい。『続教訓抄』の説話によると、「紀ノ納言ノ云ク、鬼神は嘘言セス約束タカウヘカラス、又賢才ナリ、妄語スヘカラスト云ニ」とあり、鬼は嘘をつかず、約束を違えることがないという。これは鬼の社会の不文律であり、したがって長谷雄の背約は、鬼の社会のルールからすれば断じて許されることではなかったのである。

なぜ後日譚が書かれたか

ここで鬼が風流韻事を好むことにもふれておきたい。たとえば『本朝神仙伝』には、都美香（八三四〜七九）にまつわる逸話が記されている。それには、

昔詩を作りて曰く、（中略）人この句を誦して朱雀門の前を過《よ》ぎるに、楼の上に鬼ありて、大きに感歎《ほめ》たり。

とあり、美香が自作の詩を誦しながら朱雀門の前を過ぎると、楼上（門の二階）にいた鬼がその詩を大いに褒めたと

いう。これは有名な話で、『江談抄』や『十訓抄』などにも同様の話がみえる。

また『古今著聞集』巻第四には、「鬼神、菅原文時の家を拝する事」と題した逸話が収められていて、そこに「鬼神は心たしかにて、かく礼儀もふかきによりて、文をも敬ふこそ」とあり、鬼は信義を重んじ、礼儀正しく、詩文にも通じているという。これは当時の人が鬼をどのようにみていたかを知るうえで参考になる。

『長谷雄草紙』に登場する鬼は男に化けて長谷雄と面会する。詞書によれば、その男、「…眼居《まなこい》賢げにて、徒人《ただびと》とも覚えぬ…」とあって、目つきからして賢そうで、ただものとは思えないとある。鬼は冷静沈着で思慮深く、詩文の造詣も深い。さりながら、これは鬼の普段の顔であって、いったん本性をむき出しにすると、手に負えないほど激しやすい。双六の対局の場面を思い出していただきたい。形勢不利とみるや、すさまじい形相で長谷雄を睨みつけていた。鬼は喜怒哀楽が激しく、その振幅の大きさはやはり人間の常識の埒外にあるようだ。

鬼は人間と接する場合でも、おのれを規範とする傾向があるようで、人間が誠意をもって接すれば誠意をもって応える。しかし約束を反故にしたり、不誠実な態度で接したりすれば、人間を激しく責め立てる。鬼の立場からすれば、約束を守れなかった長谷雄には責められるだけの正当な理由があった。長谷雄は一道をきわめた貴顕紳士であり、それを見込んで鬼は長谷雄に近づき、女を託したのである。鬼は長谷雄を信頼し、また期待もしていただけに、裏切られたときの失望も大きい。鬼にしてみれば、長谷雄は期待を裏切った不誠実きわまりない人間であって、鬼が激怒するのもわからないわけではない。おそらく鬼は長谷雄を殺害するつもりで襲ったのであろう。長谷雄の背信行為は一死に値するほど重かったのである。

それにしても、鬼の激昂ぶりは常軌を逸しているようにも思える。少なくとも人間の常識からすれば。絶世の美女を手に入れそこなったのは、長谷雄の自業自得であって、鬼には直接関係なさそうだが、しかしこれはどうやら見当違いのようである。鬼が人造人間の女をつくったのは、実は鬼自身のためであって、長谷雄はただ利用されただけにすぎない。女は未完成の状態で長谷雄に託され、百日後に完成をみるはずであった。長谷雄はあくまでも協力者として鬼の計画に参画しただけであり、その協力者が約束を反故にしてしまった。それが鬼には許せないのである。むろん長谷雄は鬼のたくらみなど知る由もなく、ただ双六に勝った褒賞として美女をもらい受けたと思い込んでいる。長谷雄は人を信じやすく、鬼からみれば、それだけ与しやすい人物であった。

鬼が長谷雄を激しく詰責するところをみると、女が現世に蘇生することは鬼にとって切実な問題であったようである。それは誰のためでもない、鬼自身のためであり、そう考えてはじめて鬼が長谷雄を襲う意味が理解できるのではないだろうか。ここには何か別の事情が隠されているように思われるのである。

想像をたくましくすれば、女がこの世に蘇生したあかつきには、みずからも女から精気を受けて蘇生することを願っていたのではないだろうか。女の蘇生は鬼自身の蘇生でもあって、その希望が絶たれたことは、長谷雄が美女を手に入れそこなったこと以上に鬼を落胆させたにちがいない。三カ月後に鬼が長谷雄を襲うという一見、蛇足とも思える話が書かれた理由も、けだしそこにあったのだろう。

『長谷雄草紙』の趣旨はたぶん後日譚が語る通りであろう。鬼が双六の勝負にかこつけて絶世の美女を長谷雄に提供したのも、要は鬼がこの世に蘇生するためであって、さすればこの物語の主人公は長谷雄ではなく鬼だといっても過言ではない。長谷雄は鬼に利用されただけで、主役はむしろ鬼である。

しかし趣旨はともかく、この物語の核心部分は、長谷雄が女と一夜の契りを結ぶと女が溶けて水になることである。水になったのは魂であり、魂と水はすこぶる相性がよく、その関係を解き明かすことが本章のテーマであるから、その意味でも『長谷雄草紙』は格好のテキストということができる。この物語を中心に話をすすめてきたのもそのためである。

第二章　魂と蛇──魂の変容

祖霊としての蛇

一般に魂といえば、目に見えないばかりか、抽象的でつかみどころがないように思われるかもしれない。しかし古代人は魂を具体的かつ実体のあるものと考えていたようで、たとえば魂の最古の形の一つに蛇がある。古代人は蛇を魂の化身とみていたのである。バシュラールは「蛇は人間の魂のもっとも重要な古態型の一つである」と述べている（『大地と休息の夢想』、二六三頁）。蛇は霊的で聖なる動物とされるが、これも蛇と魂の密接な関係を考えれば納得がいくはずである。

魂はいうまでもなく生命をつかさどるもので、肉体が古くなると、魂は肉体から離れようとする。肉体から離脱した魂が永遠に戻らない状態が死である。人が死ぬと魂はあの世に帰還するけれども、魂の最古の形が蛇だとすると、魂はあの世で蛇として転生することになる。そしてあの世で蛇に転生した魂はふたたびこの世に戻り、新しい肉体に宿って再生する。これが人の誕生である。すると人の誕生は蛇から人への転生であり、逆に死は人から蛇への転生である。魂はこの世とあの世を往還しながら死と転生を繰り返している。魂の容器である肉体は滅ぶけれども、魂そのものは不滅である。魂は人から蛇へ、蛇から人へ転生しながら永遠に生き続けるのである。

人間が蛇の生まれ変わりだとすると、人類の始祖も蛇であったのだろう。世界の人類創世神話をみても、蛇を始祖とするものが少なくないようである。マンフレート・ルルカーによれば、ニューギニアやアドミラルティ諸島（南西太平洋のビスマルク諸島に属する島群）には、最初の人間は蛇から生まれたとする伝説があるという（『鷲と蛇』、六二頁）。

また地中から出現した最初の人間を始祖とする神話も多く語られている。地下世界は万物の発生の源であり、人間も例外ではない。最初の人間が地下から誕生したという人類創世神話もこの文脈の延長で考えることができる。たとえばニューギニアのトロブリアンド島の人類誕生神話によれば、人類の祖先は地下から出現した。そして皮膚がしなびてしわだらけになると、脱皮して若返ることができたという（マリノウスキー『未開人の性生活』、三一八頁）。カニや蛇やトカゲが脱皮するように、人類の祖先もまた脱皮の習性をもつ地下に住む生き物とされる。その代表格が蛇である。また別の伝説では、人類は地下に発生し、そこから一対の兄弟姉妹がさまざまな場所に現れてきたといわれる（同前、一三九頁）。

沖縄にも地中から出現した男女の二神を始祖とする伝説がある。八重山地方に伝わるアカマタ（＝男神）、クロマタ（＝女神）の話はとくに有名で、この二神はナビンドゥと呼ばれる洞窟から出現した。ナビンドゥは海辺にある洞穴で、ここからニライの神がやってくるといわれるように、ナビンドゥは海底を通じて異界につながっていると信じられている。村武精一氏によれば、八重山地方の人々の感覚では、ナビンドゥをはじめ、ニール、ニーランなどN音ではじまる言葉には「畏敬・暗・じめじめした陰湿さなどのイメージがまとわりついている」とされる（「神話と共同体の再生」）。暗くて、じめじめした陰湿さから感じられるのは大地や地下である。そこは蛇が好んで生息する場所であり、ユングもいうように、「蛇は冷血動物、大地的神格であって、闇、夜、湿」を意味する（『夢分析』Ⅰ、三四三頁）。人類の始祖が蛇だとすれば、蛇が地中の穴から這い出すイメージに人間の出現を重ねて見るのは自然である。蛇が魂の最古の形の一つとされるのもそのためであろう。

中国の天地創世神話に登場する女媧《じょか》は人間を創造した女神で、その夫の伏羲《ふくぎ》ともども下半身は蛇体とされる。女媧は黄土や泥を手で丸めて人間を創造したといい、湿地とのかかわりは濃厚で、人面蛇体というのも納得できる。

蛇を祖霊の化身とする信仰も世界の民族に広くみられる。ルルカーは、「ゲルマン民族の信仰では、蛇は幸福をもたらす家霊として殺してはならず、蛇にミルクをやると、健康と富をもたらしてくれるとみなされていた」といい、またスラブ民族は、「家を守る蛇」に死んだ先祖の霊が宿ると信じている。地中海沿岸諸国には、家に住みついた蛇に先祖の魂が宿るという信仰が広まっているとも述べている（同前、七二～三頁）。

古代ギリシアでも、昔から「蛇は死者の魂を表すもの」と考えられ、「今もなお家の主と呼ばれ供物を受けている」という（ジョージ・トムソン『ギリシャ古代社会研究』上、一〇四～五頁）。蛇は家の主にとどまらず、墓守の役目も兼ねていたらしい。「ギリシアの墓の壺に巻きついている蛇は死者たちの霊である」（『夢の王国』、二〇六頁）といわれるように、蛇は死霊であることから墓を守護していたのである。

ギリシア人が蛇を家の主とみていたのは天空神ゼウスとも関係があるようで、エリアーデの指摘によれば、ゼウスは他の天空神よりも明瞭に「父」の性格を保持しているという（『太陽と天空神』、一三六頁）。ゼウスは族長の祖型としての「父ゼウス」であり、それゆえに「家長」としての性格を帯びている。ゼウスは雷神であり、蛇はそのシンボルであるから「蛇の形」であらわされるのである。ギリシア人の場合はとくにゼウスとの関係から、家の守護神を蛇の形であらわすようになったらしい。

蛇と先祖の魂に関しては、井本英一氏も蛇が祖霊の化身として崇められた例を紹介している。西アフリカのセネガル、ガンビア地方では、大蛇部族の住民に子供が誕生すると、八日以内に大蛇がその子を訪ねてくると考えられていた。この大蛇は子供に魂を送り込んだトーテムの世界の代表とされているようだという（『十二支動物の話』子丑寅卯辰巳篇、三二〇頁）。あらたに生まれる赤子に魂を送り込むのは、祖霊の化身とされる蛇であり、これは考えようによっては、蛇が赤子として再生するという意味にもなるだろう。人は死んで蛇となり、蛇はまた人としてこの世に再生するという図式がここでもみられるようである。

日本でも事情は同じで、私たちの祖先の霊もまた蛇体であった。あとで詳しくみるように、日本神話では、イザナミは死後、地下世界の黄泉の国へ下り、そこで蛇体に変身する。蛇を祖霊とすれば、イザナミは日本人のルーツといえるだろう。

また「蛇はご先祖様だから殺してはならない」という俗信は広く知られているし、蛇は祖霊の化身として畏怖されてきた。一例をあげると、『遠野物語拾遺』一八一話には、「家のあたりに出る蛇は殺してはならぬ。それはその家の先祖の人だから」とあり、先年、自分の家の川戸（門前を流れる川の岸辺にある洗い場）にいた山かがしを殺したところ、祟られて本人と子供がひどく病んだ。イタコ（巫女）に聞いてもらうと、「おれはお前の家の祖父だ」といった。また別の家でも、川戸で蛇を殺してから病気になったといい、このような実例はまだいくらでもあるという（柳田国男『遠野物語』、一四五頁）。

魂と気息

蛇は魂の最古の形の一つだが、気息もまた魂とみなされた。息ができなくなれば生命の維持も困難になるし、そのことを考えてみただけでも、気息を魂とみるのはごく自然に理解できる。ギリシア語で魂のことを「プシュケ」という。「プシュケを吐き出す」「プシュケが去っていく」といえば死を意味するし、日本でも「息を引き取る」といって、これと同じような言い方をする。「息を引き取る」とは、本来からいえば、ただ呼吸が停止することではなく、体から魂が離脱するという意味であり、だからこの場合の「息」は魂とほとんど同義であって、日本でも魂はギリシアのプシュケと同じく気息としてとらえられていたことがわかる。

前章でもふれたように、ヘラクレイトスによると、「水から魂が生じる」とされる。また魂は水分が超過すると死ぬともいい、「水分が超過したために死に至った魂は、土へと沈んでゆく。しかし水は土から生じ、水からもういちど魂が蒸発される」ともいう（『初期ギリシア哲学』、二三五頁）。水から魂が蒸発するというから、魂は気体や気息のようなものと考えられていたようである。ここには気体や気息と魂との関係が示唆され、これがやがてプシュケという言葉に結実するのであろう。

ギリシア人の霊魂観はヘラクレイトスの哲学によくあらわれているが、この伝統は古代ローマ人にも受け継がれていたようである。息は魂である。最後の息を引き取れば、それは肉体から魂が永遠に去っていくことであり、要するに死を意味する。古代ローマでは、「最後の接吻は大気中に逃れ出る霊魂を引きとどめることができる」と信じられていたという（フランツ・キュモン『古代ローマの来世観』、八九頁）。

息といえば、生きとし生けるものをイキモノという。息と魂の関係はイキモノという言葉にもあらわれている。イキモノは「生き物」と表記されるけれども、本来は「息物」であり、「霊魂とか生命をもっているもの」ではないかと碓井益雄氏は述べている（『霊魂の博物誌』、四一頁）。ラテン語のanimaが「気息」「風」などを意味し、animaの派生語animalがイキモノであることを考えれば、碓井氏がいうように、イキモノはイキ（＝魂）を持つものという意味で「息物」と表記するのがふわさしいだろう。イキモノとは息をするものの意である。

赤子が生まれてはじめて呼吸をするとき第一声を上げる。これがウブゴエである。最初の息が体内に入ると、それがウブゴエとなって発せられる。息は魂であり、前章でも述べたように、ウブゴエのウブも魂という意味で、ウブゴエは文字通りウブの声、要するにウブが発する声だから、ウブゴエは魂（息）が体内に入ったことを知らせる合図ともとれる。赤子の体内に魂が宿ると、イキ（＝魂）を持つもの、つまりイキモノになり、これで赤子はこの世に生を受けたことになる。

間引きや堕胎は赤子がイキモノになる前に行うのが原則である。深沢七郎の短編小説「みちのくの人形たち」は東北地方に伝わる間引きの風習を題材にした作品であり、そのあたりの事情が微妙な言い回しで語られる。

生まれたばかりの嬰児は産声をあげる前、つまり呼吸をしないうちに産湯のタライの中に入れて呼吸を止めてしまうという方法だそうである。呼吸をしたあとなら殺人になるが、ここでは勿論殺人罪を避けるというのではなく、ただ、闇から闇という方法のために、そういう方法がとられたそうである（『深沢七郎集』第六巻、一〇八頁）。

イキモノとそうでないものとの線引きは、ひとえに息をするか否かにかかっている。魂が肉体に宿ると人間はイキモノになる。息は魂だから、息をしない前はまだイキモノとはみなされず、この空白の時間に嬰児を殺害しても殺人にはならない。イキモノを殺せば明らかに殺人だが、間引きの対象はイキモノでないから殺人にはあたらないというわけだ。間引きには理屈としてそれなりの根拠があり、しかもそれは暗黙の了解事項として人々に共有されていたのである。

体から出るものには呪力がある

ところで、エーリッヒ・ノイマンは「身体から出たものはすべて創造力をもつ」といい、「これらすべての放出が『誕生』である」と述べている（『意識の起源史』上、六二～三頁）。体から出るものには血液、精液、尿、唾液、汗、放屁、それに言葉などがある。息も体から出るものであり、しかも直接生命にかかわっている。息が出なくなれば死に至るし、体から出るもののなかでも息は別格であることから、生命をつかさどるという意味で、魂とみなされたのだろう。

血液に関していえば、前章でもふれたように、血には聖なる呪力があり、神に供する生贄も肉ではなくむしろ血が重要視された。また血液は汗とも関係があり、古ノルド語（古北欧語）の sveiti には「汗」のほかに「血液」という意味もあるとされる（水野知昭『生と死の北欧神話』、五五頁）。要するに汗と血液は同格とされていた。日本語でも、とくに血は汗の忌み詞とされ、『延喜式』巻第五・斎宮には「凡忌詞（中略）血称二阿世一」とあり、忌み詞で「血を阿世《あせ》と称《い》う」とある。これはたぶん血と汗を同格とみる神話的イメージの名残であって、それが忌み詞として伝えられてきたのであろう。その気になって探せば、ほかにも同じようなケースが見つかるかもしれない。

また『和名抄』には、血（血脈）は「肉汁赤汁也」、汗は「人身上熱汁也」とあり、血は赤い汁、汗は熱い汁だという。赤は熱のイメージを、熱は赤のイメージを喚起するから、血（赤い汁）と汗（熱い汁）は体液としては同じとみられていたようである。汗は血液からつくられるけれども、古代人はこのことを直感的に理解していたのかもしれない。いずれにしても血と汗は同格であり、同じ体から出ることから呪力のあるものとみなされた。

体から出るもので魂とされたのは気息のほかに精液がある。とくに古代ギリシア人は精液と魂を同一視していたようである。このことを具体的にあらわしていると思われるのがアッティカの花瓶絵である。この花瓶絵についてはカール・ケレーニイの解説があるのでそれにしたがうと、そこには髭をたくわえた一人の黒い人物像が描かれていて、男は双笛を吹きながら男根を勃起させている。そして男根からは「四滴の精液が巨大なひらひらと舞っている一匹の蝶に向って落ちている。蝶は明らかに最初に落ちた一滴」だという（『迷宮と神話』、二一〇頁）。

一見したところ、精液が一匹の蝶に向かって落ちているように見えるけれども、実はそうではなく、精液がいままさに蝶に変身している瞬間を描いているのである。精液の残りの三滴も同じように蝶に変身するはずである。精液から蝶への変身。この画面に描かれているのは空間ではなく「時間」であり、別の言い方をすれば、時間が空間化されている。現代なら過去と現在が同じ画面に描かれることはまれだが、神話の世界では時間は空間化されるのがつねで、過去も現在も同一画面に描かれるのである。したがってこの花瓶絵が描いているのは精液が蝶へ変身する瞬間であり、つまりは「時間」にほかならない。それと同時に、精液はすなわち蝶であるというギリシア人の霊魂観が体現されているのも興味深い。

ギリシア語では魂や気息のほかに蝶もまたプシュケの名で呼ばれる。いま紹介した花瓶絵は、はからずもその消息を伝えているのである。とくに一つの生命から別の生命に移行するさい、魂は蝶のような飛行する昆虫の体を借りるものと信じられていたらしい。蝶は魂の化身、もしくは魂そのものとみなされたのである。

日本でも蝶は魂の化身とされることがある。そのことを具体的に語ったのが昔話「蝶になった魂」である。また『和漢三才図会』には、「立山の地獄道に、追分地蔵堂あり。毎歳、七月十五日の夜、胡蝶あまた出でて遊び、この原に舞ふ。呼んで生霊の市という」（巻六八）とあり、胡蝶を魂とみていることがわかる。魂は蝶のほかに、蜂、虻、蜻蛉、蛍など、飛行する昆虫の形をとることが多く、昔話の「夢買長者」では、魂が蜂や虻になって鼻の穴から出入りする話があり、蜂や虻は魂の化身とみられていた。このように魂は蛇のほかにもさまざまな形態をとると信じられたのである。

実体のある魂

ギリシアの話に戻ると、精液と魂の関係は「魂の導者」と呼ばれるヘルメスにも具体的にみることができる。ヘルメスは死者が埋葬される前にその魂を冥界へ導く神とされ、一般には勃起した男根像として表現される。ここに男根と魂が、ひいては精液と魂が結びつく機縁があったように思われる。ヘルメスという魂の導者が勃起した男根像であらわされるのは象徴的で、魂と精液は同じであり、そのことを体現したのがほかならぬヘルメスである。

魂と精液を同じとする考えは古くからあり、とくに古代ギリシアの哲学者やストア学派は両者を結びつけて考える傾向がみられた。また中世イランの哲学者イブン・シーナは、「…魂からさまざまな能力がさまざまな器官に流れ込んではいけないわけはなく、魂から精子と精液に流れ込む最初のものが産出能力であり、…」（『魂について』、二九六頁）と述べている。どうやらシーナも精液と魂を同一視していたふしがある。

気息や精液は魂そのものとみなされた。ノイマンがいうように、体から出るものには呪力や生命力があり、その放出があらたな誕生に結びつくわけだが、日本神話でもアマテラスの吐く息からカミが誕生する話がある。アマテラスとスサノヲは天《あめ》の安河《やすのかわ》をはさんで誓約《うけい》をする。まずアマテラスはスサノヲが帯びていた長剣をもらいうけて、それを三つに折り、天の真名井《まない》の聖水で清めてから噛み砕き、吐き出した息の霧からタキリビメノ命を生んだ。アマテラスが吐き出す息から神が誕生したのである。

話が前後するようだが、イザナミの場合は息ではなく排泄物から多くの神々を生んでいる。排泄物も体から出るものであり、生命力、呪力を帯びていることから、これらの放出が神の誕生に結びつくのである。イザナミは火の神カグツチを生んだために ホト（女陰）に火傷を負い、死の床につく。そして瀕死の体からさまざまな神が生まれる。吐いた反吐からは鉱山をつかさどる神、大便からは土器などの原料となる粘土の神、小便からは水の神など、イザナミの排泄物から神々が誕生する。

瀕死のイザナミが吐く息はすでに生命力、呪力を失っているから神を生むことはない。一方の排泄物には強力な生命力、呪力がひそんでいる。その生命力、呪力の放出がイザナミをして死にいたらしめると同時に、あらたな神々の誕生につながるのである。後述するように、これは黄泉の国に下ったイザナミの体に膿が湧き、蛆がたかる話ともかかわってくるはずで、膿や蛆もまた体から放出される排泄物の一種で、やはり生命力、呪力を帯びている。

こうしてイザナミは火の神を生んだために亡くなってしまった。人や神が死ねば肉体から魂が離脱する。ただここで注意したいのは、死んでも魂はただちに肉体から離脱するわけではなく、まだ肉体のなかにとどまった状態である。魂の離脱は肉体の腐敗と密接にかかわっていて、肉体の腐敗がすすみ、ある段階に達すると肉体は魂の容器としての役割を停止する。魂が離脱するのはそのときで、死は一瞬の出来事ではなく、ゆるやかに進行するものであった。魂は肉体から離脱するというよりも、正確には、肉体から放出される排泄物が成長して魂になるのである。いまふれた膿や蛆は魂のもとになるもので、これがやがて魂に成長する。蛇は魂の最古の形の一つとされるが、膿や蛆にはその萌芽が含まれているのである。とくに蛆は、あとでふれるように、蛇の幼虫とみられていたらしい。

死者の肉体から離脱した魂は最終的には蛇の姿をとることになる。古代ギリシア人も同じように考えていたようで、たとえばE・R・リーチによると、「魂は脊椎と頭の活力を構成する一物質として考えられており、男性の精液の集合的本体の一種を形づくるものと考えられていた。死に際して、肉体から墓所に移されたとき、この活力は一匹の生きた蛇のなかに凝固する」という（「時間の象徴的表象に関する二つのエッセイ」）。

いささか難解な文章である。噛み砕いていえば、魂は生きた肉体のなかでは骨髄として、死後は蛇として生き続けるのであり、どちらにしても魂は実体のあるものと考えられていた。死後、魂は冥界へ下り、蛇として生き続ける。そしてあらたな生命の誕生によって魂は冥界からこの世に戻ってくる。

日本神話では、イザナミは火の神カグツチを生んだために死んでしまったが、イザナミの魂は黄泉の国へ送られ、蛇として再生する。死後、イザナミの魂は蛇に転生し黄泉の国で生き続けるのである。

黄泉の国訪問譚

イザナミの魂はどのようにして蛇に転生するのだろうか。それには日本神話が語る黄泉の国の話を参考にするにしくはない。『日本書紀』一書第九によると、「伊奘諾尊《いざなぎのみこと》、其の妹《いろも》を見まさむと欲《おもほ》して、乃《すなは》ち殯《もがり》の処に到《いま》す」とあり、夫のイザナキが訪れた黄泉の国をずばり殯の場だとしている。黄泉の国とは、要するに殯の場であった。殯は肉体の腐敗と骨化によって魂が肉体から離脱し、他界へ旅立つまでのプロセスをいう。そのプロセスをつぶさに観察すれば、肉体から離脱した魂が蛇に変身していく様子をとらえることができるはずである。日本神話が語る黄泉の国の話を読み解きながら、魂と蛇の関係について詳しくみていくことにしよう。

黄泉の国を訪れたイザナキは、「いとしい妻よ」とイザナミに語りかける。お前と二人で始めた国作りはまだ道半ばで完成していない。だから現《うつ》し国に帰ってくれないかと妻を説得する。イザナミがいうには、私はすでに黄泉戸喫《よもつへぐひ》、つまり黄泉の国の食事をしてしまったので帰ることができません。でも、せっかく夫が訪ねて来てくれたのだから、いちど黄泉の国の神に相談してみましょう。その間、私の姿をご覧にならないでくださいといって、イザナミは御殿のなかに入って行った。妻の帰りが遅いので、しびれをきらしたイザナキは髪に刺していた神聖な爪櫛の歯を一本折り取り、それに一つ火をともして御殿のなかに入ると、そこには妻の膨れた屍体が横たわり、蛆がたかってコロコロと音を立てていた。『古事記』からその部分を引いておこう。

故《かれ》、左の御美豆良《みみづら》に刺《さ》せる湯津津間櫛《ゆつつまぐし》の男柱《をばしら》一箇《ひとつ》取り闕《か》きて、一つ火燭《ひとも》して入り見たまひし時、宇士多加禮許呂呂岐弖《うじたかれころろきて》、頭《かしら》には大雷《おほいかづちを》居り、胸には火雷《ほのいかづちを》居り、腹には黒雷《くろ》居り、陰《ほと》には拆雷《さき》居り、左の手には若雷《わか》居り、右の手には土雷《つち》居り、左の足には鳴雷《なり》居り、右の足には伏雷《ふし》居り、幷《あは》せて八《や》はしらの雷神《いかづちがみな》成り居りき。

黄泉の国は殯の場であり、時間がたつにつれ、安置された肉体の腐敗がすすむ。イザナミの体には蛆がたかっていたとあるから、イザナキが訪れたときは死後、数日が経過していたようである。腐肉にたかっているのは蛆だけではない。頭には大雷《おおいかずち》、胸には火雷《ほのいかずち》、腹には黒雷《くろいかずち》、陰部には析雷《さきいかずち》、左の手には若雷《わかいかずち》、右手には土雷《つちいかずち》、左の足には鳴《なり》雷《いかずち》、右の足には伏雷《ふしいかずち》、合わせて八種の雷が生まれていた。参考までに同じ場面を『日本書紀』と比較してみると、たとえば一書第九では次のように記されている。

時に伊奘冉尊、脹満《はは》れ太高《たた》へり。上《うへ》に八色《やくさ》の雷公《いかづち》有《あ》り。伊奘諾尊、驚《おどろ》きて走《に》げ還《かへ》りたまふ。是の時に、雷等《いかづちども》皆《みな》起《た》ちて追《お》ひ來《きた》る。(中略)八《やくさ》の雷と所謂《い》ふは、首《かしら》に在《あ》るは大雷《おほいかづち》と曰《い》ふ。胸《むね》に在るは火雷《ほのいかづち》と曰ふ。腹《はら》に在るは土雷《つちいかづち》と曰ふ。背《そびら》に在るは稚雷《わかいかづち》と曰ふ。尻《かくれ》に在るは黒雷《くろいかづち》と曰ふ。手《て》に在るは山雷《やまつち》と曰ふ。足《あし》の上《うへ》に在るは野雷《のつち》と曰ふ。陰《ほと》の上に在るは裂雷《さくいかづち》と曰ふ。

イザナミの体は膨れ上がり、八種の雷がわだかまっていた。八種の「八」は「多くの」という意味で、体のいたるところに雷が生まれていた。体の各部位に誕生する雷の名称が多少違うだけで、『古事記』の説明とおおむね同じである。

死霊の成長過程

また、同じ書紀の一書第六は、語り口に少し違いがみられ、イザナキの黄泉の国訪問の冒頭は次の言葉ではじまる。「伊奘諾尊《いざなきのみこと》、伊奘冉尊《いざなみのみこと》を追《お》ひて、黄泉《よもつくに》に入《い》りて、及《し》きて共《とも》に語《かた》る」。イザナキはイザナミを追って黄泉の国に入り、ともに語り合う。イザナミは夫に向っていう。「わが夫《せ》の尊よ、いらっしゃるのが遅すぎました。私はもう黄泉の国の食べ物を食べてしまいました。そしていま寝ようとするところです。どうか寝姿を見ないでください」と。イザナミは黄泉の国の食事をしたあと、眠りにつこうとする。ここでいう眠りは肉体の腐敗と同義である。「いま寝ようとするところです」とは、肉体が腐敗することの比喩的な物言いであって、寝ることは肉体が腐敗することであり、したがってイザナミは腐乱した醜い姿を夫に見られるのを恥じて、「どうか寝姿を見ないでください」と夫に懇願しているのである。ここでいう寝姿とは、腐乱した肉体を意味している。

イザナミは寝る前に黄泉戸喫をした。寝ることは肉体が腐敗することだから、黄泉戸喫は肉体の腐敗の始まりを意味しているらしい。黄泉の国と殯の場が同じであることは、黄泉戸喫という言葉によっても示唆されているのである。黄泉戸喫を終えると、イザナミは眠りにつく。いよいよ肉体の腐敗がはじまるわけで、もう現世に引き返すことはできない。「いらっしゃるのが遅すぎました」というイザナミの言葉には重みがある。そんな事情も知らずに、夫のイザナキは妻を強引に連れて帰ろうとする。これから眠りにつこうとするイザナミにしてみれば迷惑な話であって、静かに眠らせてほしいというのが彼女の本心であろう。肉体の腐敗はすでに始まっている。もう後戻りはできない。イザナミは「どうか寝姿を見ないでください」というのが精一杯である。ところが妻の忠告にもかかわらず、イザナキはひそかに爪櫛を取り、その端の歯に一つ火をともして妻の寝姿を見てしまう。すると、イザナミの体は「膿沸《うみわ》き蟲流《うじたか》る」とあり、膿がわき、蛆がたかっていた。書紀の一書第六がイザナミの屍体について語るのはこれだけで、雷に言及することはない。雷が誕生するのは肉体の腐敗がある程度すすんだ段階であり、ここでは腐敗は始まったばかりなので、雷はまだ生まれていなかったらしい。

屍体の腐敗にはいくつかの段階がある。生前と同じように肉体をとどめた状態から白骨に近い状態まで。『日本書紀』一書第六は肉体の腐敗が始まった直後の状況を記述したものだといえる。話の冒頭に、「イザナキはイザナミを追って黄泉の国に入り」とあるように、イザナキはイザナミの死後、あとを追うように黄泉の国を訪問したので、屍体の腐敗はまだ始まったばかりであった。そしてさらに屍体の腐敗がすすむと雷が生まれる。『古事記』や書紀の一書第九は、その段階を描写したものであり、屍体の腐敗のすすみ具合によって、当然ながら説明も違ってくる。イザナキが黄泉の国を訪問する話とは、要するに屍体が腐敗していくプロセスを時系列に沿って記述したものであり、黄泉の国が殯の場とされるゆえんである。

『古事記』や『日本書紀』一書第九によれば、イザナキは一つ火をともして見ると、イザナミの屍体は蛆だらけで、いたるところに雷がわだかまっていた。あとで詳しく述べるように、屍体にたかる蛆は、肉体から離脱する魂の原形と考えられていたようである。雷の本体は蛇体とされ、蛇は長虫ともいわれるように、蛆と蛇は大きさの違いこそあれ形状は同じであるから、元型的には同じイメージをあらわしている。神話的な発想では、屍体にたかる蛆は魂の原形であり、それが成長すると蛇すなわち雷になるのである。雷の本体が龍蛇であることを考えれば、イザナミの屍体にわだかまっている蛇は雷でもある。

肉体は魂を入れる容器であり、腐敗が始まると、魂の容器としては機能不全に陥る。魂が肉体から離脱するのはこのときで、イザナミの屍体にたかっている蛆は離脱しかけた魂の原形とみられる。イザナキは妻の変わり果てた姿を見てしまった。イザナミがあれほど寝姿を見ないでほしいと懇願したにもかかわらず。案の定、イザナキは驚いて逃げ出すわけだが、書紀の一書第九では、雷たちはみな立ち上がってイザナキのあとを追いかけてきた。道のかたわらに大きな桃の木があったので、イザナキはその木の下に隠れて桃の実を採って雷に投げつけると、雷たちはみな逃げて行った。これが桃で鬼を防ぐはじまりだという。原文では、「因《よ》りて其の實《み》を採《と》りて、雷《いかづち》に擲《な》げしかば、雷等《ども》、皆退走《しりぞ》きぬ。此《これ》桃を用《も》て鬼《おに》を避《ふせ》ぐ縁《ことのもと》なり」とあり、注目すべきは、前半では「雷」といい、後半では「鬼」といっていることで、雷と鬼が同格とされている。これは雷が成長して鬼になったという意味にもとれる。黄泉の国は殯の場であるから、屍体の腐敗は時々刻々とすすんでいる。イザナミの屍体から立ち上がったときは雷でも、時間の経過とともに雷が鬼に成長したと解釈できる。あるいは雷が鬼に変身したともいえる。神話的な説明としては、成長よりも変身といった方がふさわしいかもしれない。

鬼と蛇

エルンスト・カッシーラがいみじくもいったように、そもそも神話的発想の特徴は変身にある。「…神話における変身はつねに一つの個別的な出来事についての報告であり、個別的・具体的な事物の形式や存在の形式から別の形式への進行についての報告である」(『シンボル形式の哲学』2、一〇五頁)。神話が変身の物語であることは、オウィディウスの『変身物語』によくあらわれている。オウィディウスはギリシア神話を変身の物語とみたのである。たとえば河神ペネイオスの娘ダプネが月桂樹に変身した話はよく知られているし、妖精アレトューサは聖なる泉に変身した。また雷神のゼウスが黄金の雨に身をやつしてダナエを幽閉した塔の中に忍び込む話もこれらに劣らず有名である。まさにギリシア神話は変身の物語と呼ぶのがふさわしい。

神話と変身は不可分の関係にあり、日本神話の黄泉の国の話もこの文脈のなかで考えるべきで、イザナミの屍体にたかっていた蛆が蛇に変身し、さらには鬼に変身したのである。屍体から離脱した魂は死霊であり、死霊は目に見えないけれども、古代人はそれを目に見えるものとしてとらえていた。膿・蛆・蛇・雷はみな死霊の成長過程をあらわしたもので、最終的には鬼という人格的表現をとるにいたる。死霊の具体的な姿を鬼にみていたのである。

鬼は死霊の人格的表現であり、このことに関連して田中純男氏が紹介する古代インドの話も興味深い。それによると、古代インドでは修行のために墓地に住む行者がいたという。墓地には火葬もされず、埋葬もされない死体もあり、それらは自然に腐乱し、白骨化し、あるいは鳥や獣に食われるにまかせられた。この死体の腐乱していく様子を目の当たりにしながら、自分の体も同じ不浄なものであると観想することが墓地における修行の目的であった。死体を包んでいたのは「塚間衣」とか「糞掃衣」と呼ばれる布である。行者は死体からこの布をはぎ取って、自分の衣とした。死体を包む布にまつわるこんな話が伝わっている。「ある比丘が墓地で腐りきっていない死体から布を取ったところ、その死体には鬼が住んでいたため、死体が起き上がって比丘の後を追いかけたという」(「古代インドの墓地」)。まだ完全に白骨化しない死体には死霊が住み着いている。それが鬼と化して追いかけてきたのである。これはイザナミの屍体から立ち上がった雷、つまり鬼がイザナキのあとを追跡する話とよく似ている。

雷の本体は龍蛇であるから、雷と鬼を同格とみれば、鬼は蛇でもある。鬼と蛇を同じとみなす発想はなかなか根強いものがあり、中世あるいは近世に至るまで日本人の潜在意識のなかで生き続けていたようである。たとえば狂言の「抜殻《ぬけがら》」では、太郎冠者が酔いつぶれて道の真ん中で寝ている。主人はびっくりさせてやろうと、鬼の面を太郎冠者の顔にかぶせる。目を覚ました太郎冠者は、水面に映った自分の顔が鬼になっているのを見て驚く。悲観した太郎冠者は清水に身を投げようとすると、そのはずみで面がとれる。鬼の面がとれたので、太郎冠者はそれを「鬼の抜殻」だといって主人に見せる。

鬼が脱皮するはずもないが、この冗談とも戯れ言ともとれる発想が蛇の脱皮にヒントを得ていることは容易に想像できよう。鬼の脱皮は蛇の脱皮になぞらえたもので、それだけ鬼と蛇が近い間柄にあると考えられていた証拠であろう。

近松門左衛門の浄瑠璃「心中天の網島」でも、鬼と蛇が恐ろしいものとしてあげられている。大阪天満お前町の紙屋の主《あるじ》治兵衛は曽根崎新地の遊女小春と深い仲になる。妻のおさんは二人の仲を裂こうと画策するが、いっこうに埒があかない。ここ二年というもの夫婦《めおと》らしい寝物語もなく、そのことをおさんが治兵衛に切々と訴える場面で、「女房の懐《ふところ》には鬼《おに》が住《す》むか蛇《じゃ》が住《す》むか」という言葉がふと口を突いて出る。女房の懐にはおどろおどろしいものが住みついている。それは鬼だろうか、蛇だろうか。これは鬼と蛇の二匹を子飼いにしているというのではなく、正体は一つで、場合によっては鬼にも蛇にもなるという意味であろう。いずれにしても女房の懐に住むおどろおどろしいものを鬼とも蛇ともいい、ここでも鬼と蛇が同格、もしくは同類扱いされているようである。

鬼と蛇の密接な関係を示唆する例は江戸後期の読本『椿説弓張月』にもみえる。それには、「今《いま》なほ畏《おそ》るべき物《もの》に譬《たとひ》て、鬼《おに》といひ、蛇《じゃ》といふ、…」とあり、恐ろしいもののたとえに、鬼とならんで蛇をあげている。両者は同格とはいわないまでも、それに近い関係にあることが示唆されている。

また吉野裕子氏が指摘するように、舞踊や演劇の世界では、いまでも「鱗の三角紋が鬼や蛇の象徴」とされている（『蛇』、一四七頁）。これも鬼と蛇の関係を示唆するものといえよう。

イザナミの屍体にたかる蛆

閑話休題。ここで黄泉の国の話に戻ると、神話的発想の特徴が変身にあることはすでに述べたとおりで、その点に留意しながら、あらためてイザナミの肉体が腐敗していく現場を観察することにしよう。

『日本書紀』一書第六には、イザナミの体は「膿沸《うみわ》き蟲流《うじたか》る」とあった。これも一見すると、イザナミの体には膿がわき、同時に蛆がたかっているようにも読めるが、実はそうではなく、膿から蛆が生まれたと解釈すべきであろう。「膿沸き」と「蟲流る」の間には時間が経過している。まず膿が湧き、その膿から蛆が誕生した。屍体の腐敗がすすむにつれ、膿のなかから蛆が生まれたのである。あるいは膿が蛆に変身したといってもいい。神話が変身の物語であることを考えれば、通時的な出来事を共時的に表現するのも決して荒唐無稽とはいえない。神話の世界では時間がしばしば空間化されるために、時系列に沿って展開される出来事もさながら同時進行しているようにみえるのである。

すでに述べたように、黄泉の国とは殯の場のことである。殯は肉体の腐敗と骨化によって魂が肉体から離脱し、他界へ旅立つまでのプロセスをいう。黄泉の国は殯という時間概念を空間概念であらわしたものであり、それと同じ構図がここにもみられるのである。

あらためていえば、「膿沸《うみわ》き蟲流《うじたか》る」とは、膿がわき、そして膿から蛆が生まれたという意味である。あるいは膿が蛆に変身したのである。蛆を肉体から離脱する魂の原形とみれば、屍体から湧き出る膿に魂の萌芽をみることができるだろう。古代人はおそらくそう考えたにちがいない。膿は屍体から流出する屍汁の一種で、これも体から出るものだから呪力や生命力があり、それがあらたな生命の誕生につながるのである。

日本神話の黄泉の国の話には屍汁という言葉は出てこないけれども、海外に目を向けると、とくに原住民は死体から流出する屍汁に特別な呪力を認めているようである。たとえばオーストラリアの原住民のあいだでは樹上葬や台上葬の風習がある。腐敗した死体からは屍汁が流れ出すが、この屍汁が神聖視されている。遺族は神聖な屍汁を体に塗り、場合によっては飲むことさえある。棚瀬襄爾著氏によると、東南オーストラリアのヌラモ族の老人たちは死体から出る屍汁を集めて飲むという（『他界観念の原始形態』、一三二頁）。屍汁を体に塗ったり飲んだりするのは、その神聖な呪力にあやかろうとするもので、また屍汁そのものに死者の肉体から離脱する魂の原形をみているのだろう。死者の魂は屍汁とともに肉体から離脱するのである。

屍汁と魂の関係についてはE・デュルケムも注目して、「霊魂は流れ出る液体とともに立ち去っていく」と述べている（『宗教生活の原初形態』下、一四頁）。もとより流れ出る液体とは屍汁のことで、魂は屍汁とともに肉体から離脱するのだという。屍汁には魂の萌芽が含まれていて、それがさらに成長すると蛆のような具体的な形をとるようになる。『日本書紀』一書第六が語る黄泉の国の話では、イザナミの体には膿がわき、蛆がたかっていた。これはイザナミの肉体から魂、つまり死霊が離脱しかけた情景を描写したものであり、魂が目に見える形であらわれているとみることができる。

またデュルケムは同じ著書のなかでヴントの説を紹介している。ヴントに示唆を与えたのは、タイラーの学説を受け継いでいるが、人間と動物との神秘的な関係については別の解釈を試みた。肉体が腐敗していく光景である。「肉体から脱れ出てくる虫を眺めて、霊魂がそれに化身して、虫とともに離れてくると信じられたのである、と。それゆえ、虫およびこれを拡充して爬虫類（蛇や蜥蜴など）は、死者の霊魂の巣となった最初の動物であろう」という（同前、三一〇頁）。要するに蛆をはじめ、それを拡充した爬虫類などに屍体から離脱する霊魂の化身をみているのである。

屍汁や膿には死霊の萌芽が含まれていて、そこから蛆が誕生する。魂は肉体に宿っているときは目に見えないけれども、魂がいったん屍体から離脱しかけると、具体的な姿をとるようになる。屍汁や膿から死霊が生まれ、それが成長すると蛆のような姿に変容すると信じられた。蛆は魂の化身である。それにつけても、棚瀬襄爾著氏が紹介する旧独領ニューギニアのファン湾の小島群に住むタミ族の風習も興味深い。そこでは死体から群がり出る蛆をココナツの殻に集める。そして蛆が出なくなると「短い霊魂」があの世へ行ったと考えるのだという（前掲書、三二四〜五頁）。死体から離脱した霊魂を蛆にみているのは明らかである。蛆に死霊のイメージをみる発想はポリネシア人にもあるようで、「死霊は蛆となってこの世に帰り、そこで再び死んでついに消滅する」という（同前、四〇三頁）。

魂の萌芽

屍体から離脱する霊魂の最初の形あるもの、それが蛆である。その意味では、肉体から離脱する死霊を考えるうえで蛆は特別な位置を占めているといえよう。

蛆は膿から生まれる。膿はいうまでもなく化膿した傷口などにたまる膿汁のことで、『和名抄』の膿の項には、「和名宇無」とあり、膿をウム（宇無）と訓じていることから、膿が動詞「膿《う》む」の名詞化であることがわかる。『和名抄』は続けて、「又云宇美之留。瘡汁也説文云膿腫血也」ともいい、膿の別名としてウミシル（宇美之留）をあげ、ウミシルは膿汁である。また説文解字を引いて、膿は瘡《きず》の汁で、腫血《しょうけつ》のことだという。腫血は『字訓』に解説があって、それによると、「血が膿となる意」とされる。膿の類語に濃・醲・穠《じょう》など農を声符とする字にはみな濃厚とか濃密という意味があるともいう（一六三頁）。つまり膿のもとは血であり、血から膿が生まれる。血が濃厚になり、爛熟したのが膿であって、これは血が膿に成長したとも、変容したともとれる。その膿から誕生したのが蛆である。再三引用するように、『日本書紀』一書第六に「膿沸《うみわ》き蟲流《うじたか》る」とあるのは、そのことを示唆していると考えられる。血から膿がまれ、膿から蛆が生まれる。図式的にいえば、血→膿→蛆という成長過程もしくは変容過程を想定することができる。

蛆はさらに成長し、変容するが、たとえばダンテの『神曲』地獄篇に登場する蛆などは途方もなく巨大である。ダンテは大詩人ウェルギリウスに導かれて地獄を訪れる。二人はそこで肥大化した蛆に遭遇する。「…あの巨大な蛆は私達に気づくと、三つの口を開けて私達に牙を剥いた」（講談社学術文庫、一〇〇頁）とあるように、地獄に棲む蛆は巨大であるばかりか、悪魔か鬼のような恐ろしい存在である。巨大化したのは、死者の肉体をむしばみ、腐肉を食らったためでもあろうか。いずれにしてもダンテが地獄で見た蛆は屍体から離脱した死霊がのちに巨大化して、悪魔か鬼のような人格的表現をとるようになったのである。

日本神話が語る黄泉の国の話では、蛆は巨大化することはなく、別の生き物に姿を変える。それが蛇である。蛆は蛇の巨大化した姿ではなく、蛆が成長して蛇に変容するのである。『古事記』によれば、イザナキが訪れた黄泉の国では、イザナミの屍体は膨れ、蛆がたかり、コロコロと音をたて、体のいたるところに雷が生まれていた。雷の本体は龍蛇であり、ここでいう雷は蛆から成長した蛇とみられる。イザナミの屍体には、蛆から成長した蛇が何匹もとぐろを巻いてわだかまっていたのである。マンフレート・ルルカーは、「蛆虫は表現型上の共通性から、しばしば蛇と比較される」と述べている（『鷲と蛇』、六二頁）。蛆は蛇と形状が似ていることから、その同類とみなされる。蛆と蛇は元型的には同じイメージのあらわれであり、したがって神話的には蛆が蛇に変容もしくは変身したのであり、蛆は小さな蛇、または蛇の幼虫とみなされる。『古事記』が語るように、イザナミの体には蛆がたかり、蛇がわだかまっていた。この蛆と蛇も共時的な関係ではなく通時的な関係にあるとみるべきで、つまりは蛆が蛇に変身したのである。しばしば述べるように、神話の世界では時間は空間化されるのがつねであるからだ。

龍蛇といわれるように、龍と蛇は同類である。蛇のあるものが龍になるともいわれ、「蛇が山に二千年、川に千年、そして人家に三日、計三千年三日修行すると竜神になる」という言い伝えもある（小川直嗣『続・越佐の伝説』、二八五頁）。また龍は小さな蛇に姿を変えることもできたらしい。『今昔物語集』巻第二十第十一話には、讃岐国《さぬきのくに》の万能《まの》の池に住む龍が池から出て堤の上で小さな蛇になってとぐろを巻いていた話がある。龍は蛇に変身することができるのである。龍、蛇、蛆は大小の違いこそあれ形状が似ていることから、元型的には同じイメージをあらわしている。私たちの無意識から生まれたイメージの世界では、これらは同類とみなされるのである。

意識に先行する無意識は経験や知識とは無関係にア・プリオリに存在するから、無意識から生まれるイメージには民族を超えた普遍性がみられる。そのイメージのもとになるのが元型である。C・G・ユングの言葉を借りると、元型は「内容のないもろもろの型式」（『元型論』、二〇頁）であり、型式に内容をあたえるのはイメージである。ここでいう竜・蛇・蛆などはその内容であって、いずれも同じ元型的なイメージをあらわしている。したがって神話の世界では、これらは大小の違いはあってもみな同類とみなされ、日本神話が語る黄泉の国の話でいえば、蛆は蛇に成長する前段階の生き物、つまり蛇の幼虫と考えられたのである。

蛇とミミズ

ミミズもまた蛆や蛇に似ている。『古事記』や『日本書紀』にはみえないが、蛆から蛇に成長する中間段階にミミズを想定することもできるだろう。ミミズも蛆や蛇と同様に元型的には同じイメージのあらわれにほかならない。神話的には、ミミズも蛆や蛇の同類とみなすことができるし、蛆がミミズに成長し、さらにミミズが蛇に成長すると信じられたのだろう。後述するように、日本の昔話には蛇が男に化けて女のもとを訪れるという「蛇婿入」の話がある。これは異類婚姻譚の一種で、朝鮮半島にも、蛇がミミズに変わっただけで同じ内容の伝説「みみずの子」があり、これは蛇とミミズが同類とされていた消息を示すものといえよう。

蛇とミミズに関連していえば、一四世紀後期から一六世紀にかけてヨーロッパではトランジと呼ばれる腐乱死骸像がつくられた。これは一種の墓像、墓碑であり、その代表作は一三六三年に没したスイスのヴォー地方サラスの領主であったフランソワ・ド・ラ・サラの像といわれている。この墓像については小池寿子氏の解説があるので、それを参考にすると、フランソワは、胸で十字架を暗示するように両手を重ね合わせ、枕を敷いて裸で横たわっている。彼の屍体には「ミミズと見紛うほど大きな蛆虫や蛇がはえ出て、さらに口と目、そして性器には大きなカエルが食らいついて」いるという（『死を見つめる美術史』、五八頁）。そして屍骸にまとわりつく蛇はアダムとエヴァの原罪に発する人間の罪を、蛆虫はその罪の数を、カエルは悪なる魂をかたどったものと解釈されているらしい。とくにミミズと見紛うほど大きな蛆虫と蛇との関係に着目すれば、これは蛇に変身する前段階の蛆虫とみることもできるし、屍体にたかる蛆虫が蛇に変身する過程そのものがトランジに彫琢されているように思われる。

トランジにみられる蛇、蛆虫、カエルの象徴的な意味はさておき、この不気味なトランジは、日本神話が語る黄泉の国訪問譚を想起させずにはおかない。イザナキが見たのは亡き妻の膨れ上がった屍体であり、そこには無数の蛆がたかり、蛇がわだかまっていた。黄泉の国は殯の場であり、時間の経過とともに屍体の腐敗がすすむ。とりわけ蛆虫は屍体の腐敗と不可分の関係にあることをあらためて強調しておきたい。

一方、死体をミイラにして永遠に保存する立場からすれば、遺体を損傷する蛆虫はひどく嫌われる。古代エジプト人が死体の腐敗を極端に恐れたことは周知の通りで、ヘロドトスは自著『歴史』のなかでエジプト人のミイラにふれ、その目的は遺体が蛆虫に蝕まれるのを避けるためであったと述べている（『世界古典文学全集』第一〇巻、一三〇頁）。エジプト人が遺体をミイラにしたのはほかでもない、蛆虫から遺体を守るためであって、そのことはミイラに副葬された『死者の書』からもうかがうことができる。これは冥府に赴く死者のいわば案内書ともいうべきもので、さまざまな脅威から死者を守る呪文や誓約書がパピルスに記されている。石上玄一郎氏によると、たとえば第三十三章には、蛇もしくは蛆虫を撃退する呪文が書かれているという（『エジプトの死者の書』、一二一頁）。これらの呪文が蛇や蛆虫を撃退し、遺体が蝕まれるのを守ってくれるのである。さらに石上氏の説明では、なかでも蛇はエジプトでも悪魔の化身とみなされ、日神ホルスの大敵とされていたから、冥府への旅の途中でまずこれを退治しなければならなかったという。

蛆虫や蛇とならんで死者の大敵とされたのがゴキブリである。この虫は、蛆虫とともにミイラを損傷することでエジプト人に嫌われていたから、これらを駆逐する呪文もまた死者には重要であった（同前、一九二頁）。蛇、蛆虫、ゴキブリはミイラを損傷することから、これらを撃退する呪文の書かれた『死者の書』が副葬品として遺体とともに墳墓に納められたのである。魂は肉体という容器のなかに保管されてはじめて永遠に生き続けることができる。そのためにエジプト人は死後も肉体を防腐処置してミイラとして保存したのである。

日本の場合はこれとは逆で、殯は死体を風化させて、魂を肉体の桎梏《しっこく》から解放するのが目的であり、魂は肉体の中に永遠に生き続けるのではなく、あの世で蛇として再生する。だから肉体を腐敗させる蛆虫に対する嫌悪感はなく、むしろ蛆虫は肉体から離脱しかけた魂の具体的なあらわれとみられていた。エジプト人と日本人との死生観の違いがそのまま死体の処置の仕方にあらわれているのである。

イザナミの屍体から死霊が離脱する

ここでイザナキの黄泉の国訪問譚に話を戻すと、『古事記』の語るところによれば、イザナキは妻の屍体に蛆がたかり、体のいたるところに雷が生まれていたのを見て驚いて逃げ出す。イザナミは「よくも私に恥をかかせたわね」といって、黄泉の国の醜女たちにイザナキのあとを追わせたとある。さらにイザナミの屍体から生まれた八種の雷神たち、黄泉の国の軍勢もそれに続く。八種の雷神はイザナミの屍体から離脱した死霊を擬人化したものであり、黄泉の国の醜女、軍勢も同様である。黄泉の国は殯の場であり、イザナミの腐乱した死体から想像されるように、屍汁、膿、崩れゆく肉塊にたかる蛆、屍体が発する腐臭など、これらをひっくるめた死の穢れもまた広い意味では死霊である。醜女や軍勢を含め、黄泉の国は肉体から離脱した死霊が跳梁する世界ということができる。

これらの死霊が群れをなしてイザナキのあとを追いかける。生者からすれば、死霊の大群に追いかけられるのはまことに不気味である。イザナキはこの世と黄泉の国との境にある黄泉比良坂《よもつひらさか》まで逃げてきたところで、その麓に生えていた桃の木から実を三個取って追手たちに投げつけると、みな逃げて行った。そして最後にイザナミも追いかけてきたので、千引《ちびき》の石《いは》を引いてきてその坂をふさいでしまった。千引きの石は千人がかりで引くような大岩という意味である。

ここまで説明してきたところで、ひとつ言い忘れたことがある。イザナミは腐乱した自分の屍体を夫に見られ、恥をかかされたといって、怒りを含んだ言葉を夫に浴びせる。そして逃げるイザナキのあとを黄泉の国の醜女たちに追いかけさせる。ここでふと疑問が湧いてくる。なぜイザナミは自分で追いかけないのだろうか。イザナミが追手に加わるのはいちばん最後である。恥をかかされたというのであれば、発作的に体が反応して、自分で追いかけるのが自然ではないだろうか。実はイザナミには追いかけたくてもできない事情があったのである。イザナミの魂は肉体の桎梏からまだ完全に解き放たれていないので、魂の行動範囲がかぎられている。そのため、追いかけようにも身動きがとれない状態にあったのである。だから最初は醜女たちに追いかけさせ、続いて八種の雷神、黄泉の国の軍勢を追手に加え、そして最後にイザナミ自身が合流するという仕儀になったのである。ここにいたってようやくイザナミの魂が肉体から分離して、自由に動き回れるようになったことを示している。日本神話が語る黄泉の国の話とは、要するにイザナミの肉体が腐敗し骨化して、魂が離脱するまでのプロセスを時系列に沿って語ったものであることがわかる。黄泉の国が殯の場であることは、ここでもあらためて確認できるのである。

イザナキは千引きの石を引いてきて、黄泉比良坂をふさぎ、そこで夫婦別離の宣言をする。最初に言葉を発したのはイザナミである。「いとしいわが夫よ、こんなことをするなら、私はあなたの国の人々を一日に千人絞《くび》り殺しましょう」。これに応えてイザナキがいう。「いとしいわが妻よ、そんなことをするなら、私は一日に千五百の産屋を建てることにしよう」と。「産屋を建てる」とは、もとより赤子を産むことであり、このことから、一日にかならず千人が死に、かならず千五百人が生まれるのである。差し引き五百人が地上世界では毎日増える勘定になる。夫婦別離の宣言にしては、たわいのない会話のようだが、実はよく読むと、なかなか含蓄に富む内容であることがわかる。死よりも生がまさるという人間存在の根源的な命題がさりげなく語られているように思うからだ。さらにいえば、イザナキは生の世界を、イザナミは死の世界をそれぞれ象徴する神になったことが提示されている。

とくにイザナミに関していえば、このあと『古事記』には、「故《かれ》、其の伊邪那美命を號《なづ》けて黄泉津大神《よもつおほかみ》と謂《い》ふ」とあり、イザナミは黄泉津大神と名づけられたという。黄泉津大神は黄泉の国を領する神であり、言い換えれば、イザナミは地下世界の支配者になったのである。

根の国

一方、黄泉の国から帰ったあとのイザナキのことにもふれておきたい。イザナキはいう。「私は何と汚らわしい国に行っていたのだろう」と。そして穢れを祓うために禊をする。禊の場所に選んだのは筑紫《つくし》の日向《ひむか》の橘の小門《おど》の阿波岐原《あわきはら》であった。イザナキは禊をして身の穢れを祓いながらさまざまな神を生む。最後に天照大御神《あまてらすおおみかみ》、月読命《つくよみのみこと》、須佐之男命《すさのをのみこと》という三貴神が生まれた。イザナキは三柱の立派な神を得たことを喜び、三貴神にそれぞれの国を統治するように委任した。アマテラスには高天原を、ツクヨミノミコトには夜の世界を、そしてスサノヲノミコトには海原を。

ところがスサノヲだけはイザナキの意にそむいて、委任された国を治めようとしないばかりか、長い鬚が胸先にたれ下がるほど大人になっても激しく泣き叫んでいた。そこでイザナキがわけを尋ねると、『古事記』には、「僕《あ》は妣《はは》の國根《ね》の堅州國《かたすくに》に罷《まか》らむと欲《おも》ふ。故《かれ》、哭《な》くなり」とあり、スサノヲが答えていうには、自分は母の国に行きたいので泣くのだという。母とはむろんイザナミのことである。同じ場面を『日本書紀』と比較してみると、たとえば一書第六には、「吾《やつかれ》は、母《いろはのみこと》に根國《ねのくに》に従《したが》はむと欲《おも》ひて、只《ただ》に泣かくのみ」とある。『古事記』も『日本書紀』も内容はほぼ同じで、文言に違いがあるとすれば、母の国の呼称である。『古事記』では「根の堅州国」とし、書紀では「根の国」としている。イザナミは神去りまして黄泉津大神になり黄泉の国を支配しているから、「根の堅州国」も「根の国」も名称の違いこそあれ、どちらも黄泉の国の別称ということになろう。あるいは「根の堅州国」や「根の国」は総称で、そのなかに黄泉の国も含まれるのかもしれない。黄泉の国は殯の場であり、死体から離脱した魂が他界へ旅立つまでの準備期間を空間的なイメージであらわしたものだから、そう考えるのは無理のない推測である。

いずれにしても黄泉の国は死体から離脱した霊魂が跳梁する世界であり、ひとことでいえば死者の国である。ただ黄泉の国を単純に死者の国とすると、スサノヲが母の国すなわち死者の国に行きたいと泣き叫ぶのは奇妙である。これはスサノヲみずからが死にたいといっているようなもので、どう考えても不自然である。

黄泉の国はたんなる死者の国ではない。そこは殯の場であり、霊魂からみれば、殯は他界に再生するための準備期間であって、それを空間的なイメージであらわしたのが黄泉の国である。このことはすでに述べたとおりである。死者の肉体から離脱した魂はあの世に再生するために待機している。だから黄泉の国は死者の国というよりも死と再生の世界であり、これは地下世界の属性からいっても矛盾しない。

根の堅州国、根の国が黄泉の国の別称だとすると、両者に共通する「根」の意味があらためて問われなければならない。根にはどんな意味があるのだろうか。『岩波古語辞典』によると、根《ネ》はナ（大地）の転とされ、根は大地にかかわる語であることがわかる。したがって根の堅州国、根の国とは、大地の底にある国という意味であり、そこは万物を生み出す根源的世界でもあった。

日本人の古い記憶では、万物を生みだす根源的世界は大地の底に想定されていた。たとえば昔話の「鼠浄土」には日本の古い他界観の名残がみられるし、そこに描かれた地下世界は『古事記』が語る根の国とも重なる。よく知られているように、話の内容はいたって単純で、野良仕事に出かけた爺さんが昼飯の握り飯を食べようとすると、手からすべって転がり、鼠の穴に入る。爺さんは握り飯のあとを追って穴のなかに入って行くと、そこは鼠の浄土であった。爺さんは鼠たちから歓待を受け、土産に金銀財宝をもらって帰ってくる。金銀財宝は富の象徴であり、豊穣を生みだす世界は地下にあると考えられていたのである。

竜宮童子の昔話が語る他界観も「鼠浄土」と同様に豊穣を生みだす世界はやはり地下に想定されている。山へ柴刈りに行った爺さんが刈り取った柴を川の淵や洞窟に投げ込む。淵や洞窟は地下に通じていて、爺さんが投げ込んだ柴は大地の底にある水界に奉納され、その見返りに爺さんは幸運を授かることになる。この昔話にも日本の古い他界観が反映されているようである。

本土と同じく沖縄でも、万物の発生の源はやはり地下世界に想定されていた。沖縄の楽土はニライカナイと呼ばれ、その入り口は海底に通じる洞窟であったりするのをみても、本土の地下世界と重なる面がある。ニライカナイの「ニ」と根の国の「根《ね》」が語源的にも近接していることは多くの研究者の指摘するところである。たとえば西郷信綱氏は、「一門の宗家である根屋がニーヤ、そこから出た神女（根神）がニーガンと呼ばれるのでもわかるように、ニライは紛れもなく根の国と見合う」と述べている（『古代人と死』、四二頁）。また先にも引用したように、村武精一氏によれば、異界をあらわす「ニール」「ニーラン」、それに異界に通じる洞窟が「ナビンドゥ」と呼ばれるように、これらがみなN音であることから、根の国の「ネ」に通じるとされる。

ニライカナイも本土の根の国と同様に大地の底に比定された楽土である。古代人は大地の底には水界を含む万物を発生させる豊饒の世界が広がっていると考えたのである。

甲賀三郎譚

根の国は黄泉の国の別称であり、いずれにせよ地下世界であることにかわりはなく、そこはいまもいったように万物を発生させる豊饒の源である。「母なる大地」といわれるように、大地と地下世界は母性原理の具体的なイメージをあらわしていて、イザナミが黄泉の国という地下世界の支配者になったのは理屈からいっても自然であり、イザナミが遠く太古の地母神につながることを示唆している。

地下世界といえば、蛇の生息地は闇の支配する地下や地中の湿地であり、そこは蛇の領分でもある。黄泉の国は地下世界であり、黄泉津大神になったイザナミにも蛇体としてのイメージがつきまとう。イザナミの屍体から無数の蛆が湧き、それが蛇へと成長する。これはイザナミの死体から離脱した魂が蛇になったことを示すもので、イザナミ自身が蛇に転生したという意味にもなるだろう。

イザナミと蛇との関係に言及する前に、『神道集』に収められた「諏訪縁起の事」にもふれておきたい。これは長野県にある諏訪神社の縁起譚で、一般には「甲賀三郎譚」として知られている。甲賀三郎は地下世界をへめぐっているうちに、いつのまにか蛇体に変身するのである。

甲賀三郎は近江国甲賀郡の地頭の三人兄弟の末子として生まれた。父から惣領の地位を譲られ、大和国の春日姫を奥方に迎えて、仲むつまじく暮らしていた。ある年のこと、三郎は手下の武士とともに伊吹山で巻狩りをしていると、同行していた奥方が狩場で行方不明になる。三郎は兄二人と捜索の旅に出る。諸国をめぐり、信州の蓼科山の人穴に入り、そこでめでたく姫と再会をはたすが、兄たちの姦計によって地底の世界を放浪することになる。そしてさまざまな試練を乗り越えて地上に出ると、体は蛇の姿になっていた。長いあいだ地底の世界にいたために蛇に変身していたのである。三郎は故郷に帰り、笹岡の釈迦堂の仏壇の下に隠れていると、老僧の説法が聞こえてくる。その話から人間に戻る法術を知る。その法術のおかげで三郎は無事に人間に戻ることができた。

法術というのは、石菖が生えている池の水に入り、東西南北の方向にそれぞれ三度ずつ経を唱え、そのあと池の水の底をくぐって上がれば元の姿に戻るというものである。水にもぐって、ふたたび水から上がるのは死と再生の儀礼であり、水にもぐることは死を意味し、水から上がることは再生を意味している。この法術のおかげで、蛇体としての三郎が死んで、元の三郎の姿に戻ることができたのである。

甲賀三郎は地底の世界をへめぐっているうちに体が蛇の姿になってしまった。これは地下世界が蛇の領分であることを如実に示すもので、たとえ人間であろうと、そこに長くとどまれば蛇体になることを物語っている。そう考えると、黄泉津大神になったイザナミの体も蛇体であることは容易に想像できるだろう。イザナキとイザナミの二神が黄泉比良坂で夫婦別離の宣言をしたあと、イザナミは黄泉津大神と名づけられたという。これはイザナミが黄泉の国の支配者になったことの表明であり、その淡々とした語り口からは、ことの重大さが見えてこないけれども、実はイザナミが蛇体になったことを宣言しているようにも受け取れる。

すでにみたように、イザナミの屍体には多くの雷が生まれていた。雷の本体は蛇体であるから、これはイザナミの体のいたるところに蛇がわだかまっていたことを意味する。この雷すなわち蛇は死霊の化身であり、イザナミの屍体から死霊が離脱しかけている状態である。『日本書紀』一書第九によれば、雷たちはみな立ち上がってイザナキのあとを追いかけていったという。イザナミの屍体にわだかまっていた蛇がいっせいに這い出したということだろう。イザナミの屍体から離脱した死霊の分身が多くの蛇となってイザナキのあとを追いかけるという構図である。そして最後はイザナミ自身も追手に合流する。この場合のイザナミは死霊の本体であり、さすれば蛇体ということになろう。イザナミは最終的には蛇に変身したのであり、蛇体のイザナミが多くの蛇を引きつれてイザナキ追跡する。これは黄泉の国の支配者たるイザナミの面目躍如といっていいだろう。

これでイザナミが黄泉津大神と呼ばれるようになった理由もおのずから明らかになる。黄泉の国は死霊すなわち蛇が跳梁する世界であり、その支配者たる黄泉津大神とは、いってみれば蛇の世界の総元締めであって、イザナミ自身が蛇として再生したことを示しているのである。

蛇を制するシャーマン

現し世で死んだイザナミは黄泉の国へくだり、そこで蛇として再生する。別の言い方をすれば、イザナミの死霊は蛇となって黄泉の国の支配者におさまったのである。人間は死後、蛇になるといわれるが、その原形をイザナミにみることができるだろう。イザナミが黄泉の国という地下世界を主宰するようになったのも、イザナミ自身が太古の地母神の系譜につらなる女神であったからで、地母神はしばしば蛇の姿であらわされることが多く、さればイザナミも死後は蛇の世界を統括する神におさまったのである。

蛇と女性とのかかわりからいえば、長野県の井戸尻遺跡から出土した縄文時代中期の女性の土偶も興味深い。土偶の頭髪はとぐろを巻いた蛇をかたどったもので、この蛇はマムシのようである。というのも、金久正氏が指摘するように、この土偶が奄美に残る風習を想起させるからだ。金久氏によれば、「昔の呪女神《のろ》は、よく波布《ハブ》を制し、アヤナギ（綾長。色模様のある長いもの。ハブの古称）を這わすといって、アラボレ（十五、六歳の娘らよりなる呪女の従者）たちの頭髪に波布を巻きつけた」という（『奄美に生きる日本古代文化』、二五八頁）。呪女神が頭髪にハブを巻きつけるのは、蛇を手なずけ、それを制する呪術をもつシャーマンであることを示しているのだろう。土偶はおそらくシャーマンであり、とぐろを巻いた蛇をかたどった頭髪はそのシンボルと考えられる。

さらに一歩踏み込んでいえば、呪女神が頭髪にハブを巻きつけるのは、たんに蛇を手なずけたり制したりするだけでなく、自身が蛇と化すという意味合いもあったのだろう。蛇を制するには、みずから蛇に変身するにしくはない。頭にマムシをのせた土偶は、おそらく蛇に変身したシャーマンの姿をあらわしているものと考えられる。

蛇を制するシャーマンは、蛇の総元締めともいうべきイザナミの姿に重なるといっていい。イザナミは多くの蛇を引きつれて夫のイザナキを追跡する。その姿は蛇巫女をほうふつさせるし、谷川健一氏も、「蛇と呪女の従者をつれた石器時代のシャーマンは、やがて古墳時代の黄泉国の蛇と黄泉醜女《よもつしこめ》をつれたイザナミの姿に投影」されるに至ったと述べている（『谷川健一著作集』十二、二五頁）。イザナミは蛇巫女の始祖であり、その具体的なイメージは、谷川氏がいうように、多くの蛇の先頭に立ってイザナキを追いかける姿に見ることができそうである。

蛇巫女といえば、倭国の女王卑弥呼にもその面影が感じられるようである。『魏志倭人伝』によれば、卑弥呼は「鬼道につかえ、よく衆をまどわせる。年はすでに長大だが、夫婿《ふせい》はなく、男弟がおり、佐《たす》けて国を治めている。王となってから、朝見する者は少なく、婢千人をみずから侍《はべ》らせる」とある。人口に膾炙したくだりだが、卑弥呼がつかえる鬼道の鬼を蛇とみれば、卑弥呼は蛇を祀り、蛇の託宣を聴く一種の蛇巫女であったのだろう。卑弥呼という名称からして、蛇とのかかわりが推測できるらしい。これは亀井孝氏の説で、それによると、『魏志』の音表記としては、呼は「カ」に比すべき漢字であり、もし弥を「メ」に対応させるとすれば、卑も「へ」に対応させるべきである。すると卑弥呼は「ヘミカ」、あるいは「ヘメカ」「ヒメカ」「ヘミカ」ともよむことができるとされる（『日本語の母郷』）。ヘミは蛇の古語であるから、かりに卑弥呼をヘミカとよめば、卑弥呼は蛇とかかわりがある。ヘメカ、ヒメカ、ヘミカも同様である。卑弥呼の巫女的な性格を思えば、彼女もまた蛇巫女の系譜に属するシャーマンであった可能性が高く、蛇巫女の始祖イザナミのイメージはどうやら卑弥呼にも投影されているようである。

人間は死後、その魂は蛇に転生する。死後にかぎらず、睡眠中、肉体から遊離した魂が蛇になってさまようこともある。これはドイツの話で、ハンス・ナウマンによると、眠っているフランク王グントラム（五六一～九二）の魂が蛇になってさまよい出ると、山中で宝物を見つけたという（『ドイツ民俗学』、二四二頁）。人は死して魂が蛇に転生するだけでなく、睡眠中に遊離する魂もまた蛇体であると信じられたらしい。

夢で宝物を発見する話はドイツにかぎらず日本の昔話「夢買長者」にもみられる。男が昼寝をしていると、鼻の穴から蜂が飛び出し、しばらくして戻ってくるとふたたび鼻の穴の中に入る。男は目を覚まし、かたわらの友人に夢で財宝の隠し場所を知ったと話す。友人はその夢をいくらかの金で買い、くだんの隠し場所を掘ると、たくさんの財宝が見つかり長者になる。

この話では、魂は蛇ではなく蜂になって鼻の穴から飛び出した。類話のなかには、蜂のほかに蝶、虻などというのもあり、魂は蛇のほかにもさまざまな形態をとりうると考えられたようである。縷々述べるように、なかでも蛇は魂の最古の形の一つであり、日本神話が語る黄泉の国の話では、イザナミの死体から離脱した魂は蛇として再生したから、これは人間の魂の原形が蛇であった消息を示すものといえる。

蛇に生まれ変わる

人間は蛇から生まれ、死後はふたたび蛇に生まれ変わるとすると、この世に未練を残しながら死んだ場合、生まれ変わった蛇が本人に代わってその思いを遂げることもある。『日本書紀』仁徳天皇には、蝦夷《えみし》に討たれた田道《たじ》が没後、蛇となって蝦夷の仇を討ったことが語られている。

田道が墓を掘る。則《すなは》ち大蛇《おろち》有りて、目を發瞋《いから》して墓より出《い》でて咋《く》ふ。蝦夷、悉《ことごとく》に蛇《おろち》の毒《あしきいき》を被《かうぶ》りて、多《さは》に死亡《し》ぬ。

蝦夷が田道の墓を掘ると、大蛇がいて、目を怒《いか》らして墓から出て食らいつき、多くの蝦夷が大蛇の毒気にやられて死んだという。これは死後、蛇となって生前の仇敵を討つ話で、肉体は滅んでも、魂は蛇に転生して生前の思いをかなえることができる。

人間が死後、蛇に転生する話は説話の世界にもみられる。たとえば鎌倉前期の説話集『閑居友《かんきょのとも》』上巻五の六によれば、生前、家の軒近くに生えていた橘の木を愛した人が死んで蛇となり、その木の下にわだかまっていたという。「いにしへ、軒近き橘を愛せし人、蛇《くちなは》となりて木の下《もと》にあり」。橘の木を愛した人とは、六波羅秘寺の住僧であった比丘講仙のことで、死んでからも橘を愛し続けたということだろう。人は死後、蛇に転生しても、その思いは変わらずに生き続けることがある。この説話は『拾遺往生伝』巻中の二、『法華験記』上の三十七、『今昔物語集』巻第十三第四十二などにも記載があり、人はあの世で蛇に生まれ変わるという話がそれだけ広く喧伝されていたことを示している。

蛇は執念深いともいわれる。蛇に生まれ変わった魂が本人に代わって仇を討ったり、生前と変わらずに橘の木を愛し続けたりする話を聞くにつけ、蛇の執念深さを思わずにはいられない。日本神話が語る黄泉の国の話でみたように、蛇に変身したイザナミが蛇の大群を引き連れて夫のイザナキを追いかける姿も凄味があり、蛇の執念深さを印象づけるには十分である。とくに女の執念が蛇となって男を襲う話は道成寺説話をはじめ物語の世界ではなじみが深い。ここでは鎌倉時代の仏教説話集『沙石集《しゃせきしゅう》』巻第九の二の「愛執によりて蛇に成りたる事」と題した説話をとりあげる。

話の舞台は鎌倉である。ある人の娘が若宮の僧房の稚児に恋して病気になった。娘から苦しい胸の内を聞かされた母親は、稚児の両親と知り合いだったので、時々稚児を娘のもとへ通わせた。だが稚児の方は気乗りがしなかったのか、足が遠のくうちに、娘の病は重くなり、とうとう死んでしまった。恋こがれたあげくの死であった。両親は娘の遺骨を善光寺に送るつもりで箱に入れておいた。その後、稚児も病に倒れ、危篤に陥り、正気を保てなくなったので、一室に閉じ込めておいたところ、部屋のなかで話声がするので、母親が隙間からのぞくと大きな蛇がいて、稚児が蛇に向かって話をしている。そのうち稚児も亡くなってしまった。稚児の遺体を棺に納めて若宮の西の山に葬ると、棺のなかに大きな蛇がいて、稚児に巻きついている。そのまま蛇と一緒に葬ることにした。一方、娘の遺骨を入れた箱をあらためて開けてみると、娘の骨はすっかり小蛇に変じたものもあり、半分ほどが蛇になりかけているものもあっ

た（新編日本古典文学全集五二『沙石集』、一〇四～五頁）。

稚児の遺体に大きな蛇が巻きついているところなどは道成寺説話をほうふつさせるが、いずれにしても稚児への愛執にとらわれた娘の魂は死後、蛇となってその思いをとげる。稚児と一緒に蛇を葬ったあと、娘の遺骨を入れた箱をあらためてみると、骨はなかば小蛇に変じていた。この小蛇は娘の死霊の分身であろう。娘の遺骨が蛇に変じるところは、イザナミの屍体から死霊が蛇となって離脱する黄泉の国の話を想起させるし、肉体が滅んだあと、魂は蛇として転生するのである。

生前、はたせなかった思いは魂すなわち蛇に託され、本人に代わってまっとうする。朝鮮半島には亡霊が一匹の蛇になって娘のもとを訪れる話がある（崔仁鶴『朝鮮伝説集』、二五二～三頁）。この話では、蛇は女ではなく男である。人は死後、蛇に転生するのであるから男女の蛇がいるのは当然で、男の亡霊が蛇となって娘に執着しているのである。蛇の執念深さはどうやら男女を問わないようである。

魂はあの世で蛇に転生するが、同じ蛇でも、中世ヨーロッパの冥府の蛇はかなり獰猛である。『聖パトリックの煉獄』は中世ヨーロッパの騎士が冥府を訪れる話で、そこでは死後、冥府に下った魂は男も女もすべてが妊娠させられ蛇を生むと語られている。男が妊娠するのは不可解だが、蛇は子宮から生まれるだけでなく、「腕や胸など身体のあらゆる部位を食い破って、蛇は生まれ出ていた」という（講談社学術文庫、五七～八頁）。生まれた蛇には灼熱する鉄製の頭と鋭利な嘴があり、これで自分を生んだ魂をズタズタに切り裂くのであった。これは冥府に下った魂が受ける拷問である。魂が蛇を産み落とすのも拷問の一つで、だから男女の別なく魂は蛇を生むことになっている。ここには死体が腐乱していく光景が投影されているのかもしれない。腐肉にたかる蛆を蛇、あるいはその成長過程とみるのは一般的で、ただこの場合の蛇は通常の蛇よりもはるかに獰猛である。灼熱する鉄製の頭と鋭利な嘴のある蛇が肉体を食い破って出てくる。これもまた一つの文学的イメージである。ともかく魂が蛇を生む話にかぎっていえば、魂と蛇が密接な関係にあることは中世ヨーロッパ人の死生観にもうかがうことができる。

蛇の脱皮にあやかる

人が死ぬと、その魂は他界に送られ、そこで蛇に転生する。蛇に転生した魂は祖霊としてふたたび現世に戻り、新しい肉体に宿って再生する。魂はこの世とあの世を往還しながら死と再生を繰り返しているから、その意味では不死身である。魂が死と再生を繰り返すという発想には、おそらく蛇の脱皮の習性が投影されているのだろう。蛇は脱皮するたびにあらたに生まれ変わる。それが死と再生を繰り返す魂のイメージと重なり、蛇を魂の化身、もしくは魂そのものとみなすようになったにちがいない。

赤子の誕生は魂のこの世での再生であり、また蛇から人への転生でもある。そのことを裏付けるように、生後間もない赤子の産育儀礼には蛇の脱皮になぞらえたと思われるものが少なくない。一例をあげると、生後三日目に産着を着せる風習は全国的にみられる。これをテヌキイワイとかテトオシなどといって、この日を境に赤子ははじめて袖のある着物を着せられる。それまではボロや古着など、あり合せの物にくるんでおくのがしきたりである。それどころか袖のあるものを着せることがタブーとされている。袖のないボロや古着にくるまれた赤子はまるで手足のない蛇のようであり、赤子はまだ人ではなく蛇とみなされていたのではないだろうか。そして生後三日目にして赤子ははじめて袖のある着物を着せられ、手を自由に動かすことができるようになる。これは赤子が蛇の状態から脱して人間に生まれ変わったことを示しているのだろう。

柳田国男の『家閑談』によると、佐渡島では生後三日目に着せる着物はウブケオトシといい、もとは肌に直接つけるもので、これで「生まれ児の渋皮を取る」などといわれる（『定本柳田國男集』第十五巻、二一四頁）。ウブケオトシは産着よりもずっと粗末な肌着で、ボロや古着にしても、もともと脱ぎ捨てることを前提にしているように思われる。

要するにボロや古着、ウブケオトシははじめから「殻」として考えられていたふしがある。

またウブケオトシのウブは魂、ケはおそらく穢《けが》れの意味であろう。『名義抄』に「穢ケキタナシ」とあることから、ウブケは魂の穢れたもの、つまり古くなった魂であり、魂の殻、魂の脱け殻ともいえよう。ウブケオトシを着せるのは「生まれ児の渋皮を取る」ためだといわれるが、これは赤子が脱皮をするという意味にもとれる。「渋皮」を魂の殻、あるいはそのシンボルとみれば、ウブケオトシとは魂の脱け殻を落とすこと、つまり脱皮である。

蛇が脱皮したあとに残るのは脱け殻である。誕生後の赤子は袖のないボロや古着にくるんでおき、三日目に袖のある着物に着替えさせるのは、たぶん蛇の脱皮にあやかったもので、そこには赤子は蛇から脱皮して正式に人間になるという象徴的な意味がこめられているように思われる。蛇は魂であり、その古くなった魂を新しい魂に更新するのが生後三日目である。

同じ佐渡島でも、生後三日目に着せる着物はウブケオトシではなくニンジュギモノと呼んでいる地方がある。千葉徳爾氏と大津忠男氏の共著『間引きと水子』によれば、これは手を動かすことのできる人間らしい袖のある着物のことで、ニンジュギモノは「人数着物」の訛りで、「人間として数にかぞえられることをあらわす名称」だとされる（二二九頁）。人間として数にかぞえるとは、それまでは人間とみなされていないわけで、人の誕生は蛇から人への転生だとすれば、ニンジュギモノを着せられた赤子は、蛇から人へ脱皮した姿をあらわしているのだろう。

ニンジュギモノもウブケオトシも生後三日目に着せる着物であり、名称の違いこそあれ、蛇から人への転生を象徴する着物であることにかわりはない。

蛇から人への転生を別の言葉でいえばカオスから秩序への移行であり、ボロや古着を着せられた赤子はカオス状態にあることを示している。生後三日目に着せる着物は一般にはウブギと呼ばれる。ウブケオトシは佐渡島固有の名称で、ウブケオトシのウブはウブギのウブと同じく魂という意味である。ウブギはウブ（魂）の付着した特別な着物のことで、これを着せられた赤子は蛇から人へ生まれ変わったことを象徴的に示しているのである。生後三日目は、蛇から人へ脱皮する節目の日であった。人は蛇の生まれ変わりであるという日本人の古い記憶が、このような習俗として伝えられてきたのである。

捨て子の儀礼

生後三日目の祝と同じような儀礼が三歳のときにも行われる。奄美大島では昔は三歳になるまで、「ちがう布地のきれをつぎ合わせたきものを着せた」という（『児やらい』、一〇三頁）。また三歳という年齢にかぎらず、病弱で育ちの悪い子供には端切れを接ぎ合わせた着物を着せるならわしが地方には残されている。沢山美果子氏によると、岡山県内には、多くの人家からもらい集めた端切れを接ぎ合わせて衽《おくみ》のない一つ身の着物を縫って虚弱な子供に着せる風習があり、この着物を「千枚衣《せんまいご》」という（『江戸の捨て子たち』、六二～三頁）。岡山県以外では「百徳着物《ひゃくとこ》」（金沢地域）「百軒着物《ひゃっけんぎもん》」（秩父地域）などともいい、全国各地に見られる子供の着物である。いずれにしても端切れを接ぎ合わせた着物というのが特徴である。沢山氏の説明では、「この風習の背景にあるのは、多くの人の力を借りて子どもを大きく丈夫に育てるという考えである」とされる。

しかしこの説明は月並みというか、後世の付会であって、この風習の背景にはさらに深層的な意味が考えられる。まずは千枚衣の意味である。多くの端切れを接ぎ合わせて仕立てたユニークな着物は、まだらな蛇柄、あるいはうろこ状の蛇の肌を連想させる。おそらく千枚衣には蛇が脱皮したあとの脱け殻という隠れた意味があって、これを着せられた子供は脱皮前の蛇の姿を擬しているのだろう。蛇は魂でもあるから、蛇が脱皮して生まれ変わるように、千枚衣を着た子供は、これを脱ぐことで魂が更新される。魂は生命をつかさどるものであり、古い魂を新しい魂に更新することで、病弱な子は丈夫な子に生まれ変わる。したがってこの風習は広い意味での死と再生の儀礼であり、その目的は魂の更新にあると考えられる。

蛇のように脱皮するのは子供だけではない。大人もまた正月を迎えると、新しい衣服に着替える習慣があった。吉野裕子氏は、「正月に当って殊に衣服を新たにするのも脱皮の擬きではなかろうか」と述べている（『蛇』、一三〇頁）。昔は正月になると、蛇のように脱皮して、あらたに生まれ変わるという信仰があった。大人も子供も新しい衣に着替えて魂を更新し、あらたな年を迎えるのである。

また沢山氏は、江戸時代の捨て子に関する興味深い風習にもふれている。それによると、捨て子は継ぎはぎだらけの襦袢を着せられて軒下などに置かれていたという（前掲書、六二頁）。継ぎはぎだらけの襦袢のほかに古着などに包んで捨てられることもあったようで、いずれにしても蛇が脱皮する前の姿を想起させることから、生後三日目の祝と一脈通じる面がある。とくに継ぎはぎだらけの襦袢は千枚衣と同じで、やはり蛇の脱け殻という隠れた意味があったのだろう。

さらに注目したいのは、捨て子が置かれていた場所である。そもそも捨て子は拾われることを前提にした儀礼的な側面があって、捨てられる場所にも一定の決まりがあった。軒下のほかに、道の辻、橋のたもと、木の根方、河原などがあり、これらはいずれも境界である。捨て子は境界に置かれたのである。たとえば文久元（一八六一）年に京都で刊行された『捨子教誡《すてごきょうかい》の謡《うた》』の挿絵には、籠に入れられた嬰児の捨て子が木の根方に置かれているのがみえる。捨て子が境界に置かれるのは、そこが死と再生にかかわる儀礼の場であったからだ。

いまもいったように、捨て子は拾われることを前提にした一種の儀礼であり、基本的には養子縁組と同じである。わが子を他人の養子にするには、わが子をいったん否定し、あらためて他人の養子として再生させなければならない。捨てられた子供は象徴的な死によって、他人の養子として再生する。子供の象徴的な死と再生とは、その体内に宿る魂が更新されることを意味する。子供の魂が別の魂に入れ替わることであり、言い換えれば、これは所有権の移動である。赤子の所有権が捨てた親から拾った親へ移動することであり、そのために子供の象徴的な死と再生が行われるのである。

子供の象徴的な死と再生とは、子供の魂を別の魂に交換することにほかならない。具体的には、拾った親があらためて子供に名をつけるのである。魂は人にではなく魂につけるものであり、子供の名をつけなおすことは魂の交換が行われたことを意味し、これで子供の所有権は拾った親に移動したとみなされる。

捨て子は継ぎはぎだらけの襦袢を着せられ、境界に置かれる。継ぎはぎだらけの襦袢は蛇の脱け殻のメタファーであり、これを着せられた捨て子は蛇が脱皮する前の姿を模しているのだろう。蛇が脱皮して生まれ変わるように、捨てられた子も脱皮して新しい魂に更新されることが期待されている。それは他人に拾われて養子として育てられるということであり、そのために子供は蛇の脱け殻を思わせる襦袢を着せられ境界に捨てられたのである。継ぎはぎだらけの襦袢は捨て子を意味するいわば記号であり、これを着た子供が境界に捨てられていれば、誰かが拾って育てるという暗黙の了解が社会通念として存在したのである。

蛇から人への転生

ついでながら、子供を産んでも育ちが悪く病死させてしまうことがたびかさなると、いちど「拾い子」にするとよく育つといわれる。これも儀礼的な捨て子である。拾い子とは、いったん捨てた子をあらためて拾ってわが子にすることであり、このときにも名をつけなおす。とくに「捨松」「捨五郎」など、拾い子にちなんだ名をつけるのが一般的で、豊臣秀吉の三男秀頼の幼名が「拾丸《ひろいまる》」であったことはよく知られている。これも民間に流布していた拾い子の慣習にあやかったもので、それだけ儀礼的な捨て子が広く信仰されていたことをしのばせる。

捨て子に関する伝説も多く語り継がれているので、これにも簡単にふれておきたい。柳田国男の「赤子塚の話」から一例を紹介すると、京都の上賀茂の南には児捨馬場があった。平家都落ちの騒動の折に、平敦盛の隠し妻で大納言資方の娘が稚児を襁褓《むつき》にくるんでここに捨て、黒谷の法然上人が拾い上げて育てたという（『定本柳田國男集』第十一巻、二四一頁）。襁褓にくるむのは、誕生後の赤子を袖のないボロや古着にくるんでおくのと同じで、脱皮前の蛇の状態を擬しているのであろう。また捨てた場所の児捨馬場もいわゆる境界であったらしい。要するにこれも拾われることを前提にした一種の儀礼的な捨て子であり、黒谷の法然上人が拾い上げて育てたという後日譚がそのことを雄弁に語っている。

このように、子供の産育儀礼には蛇の脱皮になぞらえた儀礼が多くみられることに注意したい。その背景にあるのは、人は蛇の生まれ変わりであるという日本人の古い記憶であり、それが産育儀礼というかたちで残されてきたのである。

すでに述べたように、生後三日目は蛇から人へ脱皮する節目の日であった。蛇から人への脱皮は、あの世からやってきた魂のこの世での再生でもある。しかし再生しても、魂はまだ不安定で、赤子の体内を出たり入ったりしている。それが五日目を過ぎ、七日目になると、魂もようやく安定し、体内に収まるようになる。七日目もまた節目の日であり、この日に名づけをする風習は全国的にみられる。名は魂につけるものであってみれば、これも魂の安定と無関係ではなく、魂が赤子の体内におさまったことを見届けたうえで、正式に名をつけるのである。これで蛇から人への脱皮が完了したことになる。

大藤ゆき氏は、七夜に水の神や井戸神にお参りする風習が関東地方一帯にみられると述べている（前掲書、一三六頁）。水神は蛇体であり、井戸神は水神の類族であるから、この風習にも生児と蛇とのかかわりをみることができるし、名づけの風習とも何らかの脈絡があるのだろう。

また赤子は水神からの授かりものといわれ、『今昔物語集』や『神道集』には子のない夫婦が観音に祈願して子を授かる話が多く語られている。前章でとりあげた紀長谷雄は父貞範が大和の長谷寺に祈願して授かった子とされる。長谷雄は長谷観音の申し子である。

一般に観音は岩場や洞窟などに示現し、水とのかかわりが濃厚で、長谷観音も山地の岩場に示現したとされる。『今昔物語集』巻第十一第三十一話が語る長谷観音の縁起によれば、かつて奈良に都があったころ、長谷川《はつせがは》のほとりに長年捨てられたままになっている大木があった。徳道という一人の僧侶がいた。彼は心中ひそかに霊木ではないかと思い、この木で十一面観音像を造立しようと祈誓した。ある時、徳道の夢に神が現れ、北の峰を指して、「彼《か》ノ所《ところ》の丈《たけ》ノ下《した》ニ大《おほき》ナル巌《いはほ》有《あ》リ。早《はや》く掘《ほ》リ顕《あら》ハシテ、此《こ》ノ観音《くわんおむ》ノ像《ざう》ヲ奉《たてまつ》レ」とのお告げがあった。あの山の下に大きな岩がある。早く掘り出して、その上にこの観音像を奉れという。徳道は夢から覚めると、さっそくその場所に行き、掘ってみると、夢のお告げ通り大きな岩があった。そして夢告にしたがって観音像を造り、岩の上に立て奉ったという。長谷観音は山の下にある岩場に示現したのである。

岩場や洞窟は女性原理や母性原理の具体的なイメージのあらわれであり、そこは同時に地下に想定された水界への参入口でもある。水界を領するのは水神であるから、観音は日本の古い水神信仰の聖地に重層するかたちで示現していることがわかる。されば観音に祈願して子を授かる話も、その起源は水神信仰にあるといえよう。

昔話「水の神の寿命」

水神は子を授ける神である。そのことを語った昔話や伝説も少なくない。一例に竜宮童子の昔話を取り上げると、竜宮は水界の別名で、竜宮童子は水界から派遣された子供である。熊本県玉名市に伝わる昔話では、薪伐りに行った爺が薪を淵に投げて帰ろうとすると、美しい女が爺を呼びとめる。女は腕に小さな子供を抱いている。子供は鼻たれ小僧様といって、欲しいものは何でも鼻の穴から出してくれる。淵は水界の入り口であり、この話では竜宮童子は鼻たれ小僧様と呼ばれている。女は水神、もしくはその使者で、女が子供を腕に抱いている姿に着目すれば、これは水神が子を授ける神であることを具体的にあらわしたものだといえよう。

水神は子を授けるだけではない。「七歳までは神の内」といわれるように、子供は七歳までは神の管理下に置かれている。ここでいう神も水神であろう。水神は子を授けるとともに、子供の生殺与奪の権をも握っているのである。そのことを具体的に語ったのが昔話「水の神の寿命」である。

話の結末は二種類あって、水神によってあらかじめ子供の寿命が決められていて、どんなに避けようとしても避けられずに死んでしまう話と、逆に親の機転によって難を逃れ、長寿をまっとうする話とがある。七歳までに命を落とすという話も多い。たとえば新潟県刈羽郡に伝わる昔話「七つの年の水の命」では、ある男が旅から帰る途中、さる村のお宮の中に泊った。夜中に神様の話声がする。「どこそこの村にお産があり、女の子が生まれた。七つの年の水の命に決まっている。節供の日に、海へ誘い出して命をとることにしてある。それを避ければ長生きする」。これを聞いた男は間違いなく自分の家のことだとわかったので、急いで帰ってみると、やはり家では女の子が生まれていた。旅に出るとき身重であった妻が女の子を生んだのである。月日が流れ、女の子の七つ年の節供の日がやってきた。近所の子供が海へ行こうと誘いにきた。親はわが子をむりやり柱に縛りつけて海へ行けないように番をしていた。そこへ、隣村に嫁に行ったおばさんがやってきて、柱に縛られていた子供をほどいてやろうとした。両親が余計なことをするなといって、割木でおばさんをたたくと、水神（河童）が死んでいた（『日本昔話大成』第三巻、一九三～四頁）。

女の子の寿命は七つ年の節供の日までと決まっていた。当日、水神（河童）がおばさんに化けて子供の命を取りにきたのである。父親は子供の運定めをひそかに聞いていたので、それを逆手に取って、水神が定めた寿命を変えることができた。「七歳までは神の内」ということわざ通り、七歳までの子供の命は水神の管理下にある。この話では、子供の命は七歳と決まっていたが、両親の機転が功を奏し、子供は難を逃れることができたのである。

人間の才知によって水神が定めた運命を変えたのだから、水神の威信の失墜は避けられない。同じような話は昔話

「河童の文使い」にもみることができる。これも水神よりも人間の知恵がまさるという話で、一例に山形県最上郡の昔話を紹介しよう。

少し頭の足りない兄と、ずる賢い弟が住んでいた。兄は毎日、沼のほとりに行って、木を伐ったり草を刈ったりして生計を立てていた。あるとき、いつものように沼で草を刈っていると、水の中から愛らしい娘が出てきて、毎日ご苦労様、お礼をしたいが手持ちにはないので、かわりにこの手紙を沼の西方の姉に渡してくれという。そういって娘は何も書いてない一枚の手紙を兄に渡した。その手紙を持って歩いていると、小橋を渡るときにすべってころび、手紙を水で濡らしてしまった。すると濡れた紙に文字が浮き出たが、兄は字が読めない。そばの石にのせて乾かしていると、そこに和尚が通りかかった。和尚は手紙を読むなり、大変なことが書いてあるという。「この男は私の沼のまわりの木や草を刈るので、私の隠れるところがなくなってしまった。憎いので捕って食ってしまいたいが、そうすると、沼の主がここにいることがわかってしまうので、姉様にこの男をやるから、よろしく食ってください。東の妹、河童より」。和尚は唐茄子の蔓を一本折って別の紙に書くと、これを持って行けと兄に渡した。手紙にはこう書いてあった。「この男は毎日、沼のほとりで木や草を刈ってくれて助かっている。何かお礼をしてくだされ」と。兄は西の沼に行って姉の河童に手紙を渡すと、姉は水の中にもぐって行って、小さな金の臼を兄に投げてよこした。「一日一回ずつまわせ」と叫んで姿が見えなくなった。兄は宝臼を一回ずつまわして黄金を出して、楽々と長者になった。例によって、強欲な隣の弟が一度にたくさんの金を出そうとして失敗する（『日本昔話大成』第六巻、三一〜二頁）。

兄は危うく河童に食われそうになるが、和尚の機転によって命が救われただけでなく悪運を幸運に転じることができた。河童は水神の零落した姿であり、この話でも、水神よりも人間の才知の方がすぐれていることが語られる。

水神は人の生命に関与し、「七歳までは神の内」といわれるように、とくに幼い子供の魂は水神の管理下にある。先ほどの昔話「七つの年の水の命」では、水神（河童）が女の子の命を取りにくる。女の子の命を授けたのは水神であり、その命を取り戻しにきたのである。もし親が機転をはたらかせなければ、女の子の命は水神に取られていたはずである。水神は子を授けると同時に、七歳までは子供の命を自由にできると考えられていたらしい。

雷神（水神）が子を授ける

水神が子を授ける神だとすると、授けられた子も水神の血筋をひき、水神とは類縁関係にあるのだろう。水神は蛇体であり、人間が蛇の生まれ変わりといわれるのも、その消息を示すものといえよう。異常出生譚のなかには、そのことを示唆する話がいくつかあり、一例に『日本霊異記』上巻第三話が語る道場法師の説話をあげることができる。大略を記すと、一人の農夫が耕作田に水を引き入れていると、にわかに雷鳴がとどろき、雷が農夫の前に落ちてきて、小さな子供の姿になった。農夫が鉄の杖で雷を突こうとすると、雷が命乞いをする。助けてくれるお礼に子を授けるという。農夫はいわれるままに楠の水槽を作り、そこに水を入れ、竹の葉を浮かべて、雷が昇天するのを手伝ってやった。その後、雷の予言通り農夫の妻は懐妊し、生まれた子供の頭には蛇が二巻きまきついていて、頭としっぽが後頭部に垂れさがっていた。

雷は鳴神ともいい、「龍は鳴神の類《るい》こそ有りけれ」（『竹取物語』）とあるように、雷神の本体は龍とされる。前述したように、蛇のあるものが昇天して龍になるともいわれ、また雷神は雨をつかさどることから水神の同類とみなされる。生まれた子供の頭に蛇がまきついていたのは、雷神もしくは水神の申し子であることを物語っている。頭に巻きついた蛇はいわば聖痕《スティグマ》で、この子がのちの道場法師である。

子供は元興寺《がんごうじ》の優婆塞になり、そこでさまざまな逸話が語られるが、寺の耕作田に水を引き入れる話を紹介すると、王《きみ》たちが邪魔をして水をせき止めたために、田に水が入らなくなった。優婆塞は十人がかりでやっと担げるような鋤を作り、水門の水口に立てて置いた。ところが王たちは鋤の柄を引き抜き、また水門をふさいでしまった。そこでこんどは百人以上でやっと引くことのできる大きな石で水門をふさぎ、寺の田に水が入るようにしたところ、王たちもこれには度肝を抜かれ、以後、二度と邪魔をすることはなかった。この功績によって、優婆塞は道場法師と名づけられたという。また同じ『日本霊異記』中巻第四話と第二十七話では、道場法師の孫娘の説話が語られる。孫娘はやはり祖父ゆずりの大力の持主である。小柄であったり、物腰が柔らかであったり、外見からはおよそ想像もつかない強力《ごうりき》無双によってさまざまな活躍をする。いずれも胸がすくような痛快な話に仕立てられている。

道場法師やその孫娘の説話は、雷神や水神から授かった子が成長して怪力を発揮する話である。とくに道場法師の場合は、頭に蛇が巻きついた状態で生まれてきたことから、その出自が明らかである。この説話も広い意味では水神が子を授ける神であることを語った話とみることができる。

雷神や水神は子を授ける神だが、子を授けるかわりに、神みずからが女を孕ませる話がある。蛇体の雷神が男に化けて女のもとを訪れ、女は一夜のうちに懐妊する。三輪山伝説や丹塗矢伝説などはとくに有名で、これも水神が子を授ける話の一変種であり、説話化といえるだろう。

『古事記』崇神天皇にある三輪山伝説によると、活玉依毘売《いくたまよりびめ》という美しい娘のもとに夜ごと通ってくる男がいた。娘はやがて身重になり、夫もいないのに不審に思った両親は、男の素性を知るために、麻糸を通した針を男の着物の裾に刺しておくように娘にいう。翌朝、麻糸のあとをたどっていくと、家の戸口の鉤穴を通り抜けて、三輪山の社《やしろ》のところで止まっていた。そのことから男の正体が大物主神であることを知る。大物主神は三輪山のご神体で、大神が男に変身して娘のもとに通っていたのである。大物主神は戸口の鉤穴を通り道にしていることからわかるように、その正体は蛇体であり、鉤穴をくぐり抜けるときは小蛇に変身していたのである。

大物主神は雷神であり、それが蛇体となって女を孕ませるのである。また大物主神は三輪山のご神体であり、山を他界、蛇を魂とみれば、これは三輪山という他界からやってきた魂が娘の母胎を借りて、この世に再生をはたす話とみることもできる。赤子の誕生は蛇から人への転生であり、その構図はこの伝説でも読み取ることができるように思われる。

三輪山伝説とよく似た話に昔話の「蛇婿入」がある。これは似ているというよりも、三輪山伝説を昔話に仕立てた話というべきかもしれない。たとえば福島県いわき市に伝わる話では、娘のもとに男が通ってくる。母が男の体に糸と針を刺すように娘にいう。母親が糸をたどっていくと、木の下の穴倉に入っている。立ち聞きしていると、体に針を刺されたので長生きはできないが、娘の体内にたくさんの子供をおいてきたから子孫がふえる。それでも菖蒲湯に入れば子供は死ぬと語っている。その通りにすると、死んだ子蛇が生まれる（『日本昔話大成』第二巻、三七頁）。「蛇婿入」の昔話は全国に広く分布し、内容はどれも同工異曲で、「人間の腹に子種を宿した」（長野県北安曇郡）、「卵を生みつけたので我が種は絶えない」（徳島県麻植郡）、「娘に自分の子を宿させた」（佐賀県佐賀郡）など、表現の違いはあっても、人間の母胎を借りて蛇が子孫を残すというのが話のモチーフであり、ここに蛇が祖霊と信じられた時代の名残をみることができるように思われる。

また蛇が生んだ男子の背に鱗があり、大きくなると口に牙が生える。これは蛇の後裔の徴である（熊本県熊本市）とか、その血筋の者は顔は美しいけれども、背中に鱗がある（佐賀県佐賀郡）などと語られる場合もある。いずれにしても蛇を祖先とする家系に生まれた者はひとかどの人物に成長する。蛇を先祖にもつことがすぐれた家筋の証とされたのである。

蛇は水神の本体であるから、水神に祈願して子を授かる説話と「蛇婿入」の昔話は同じ系統に属するといえよう。このように雷神や水神の申し子、あるいは蛇を祖先とする家系に生まれたものがすぐれた人物に成長する話は枚挙にいとまがない。しかし時代がさがると、雷神や水神の地位も低下し、そのことを象徴するような説話が語られるようになる。たとえば『日本書紀』雄略天皇には少子部連蜾蠃《ちひさこべのむらじすがる》の説話がおさめられているが、『日本霊異記』にもその別伝があって、この二つの説話を比較してみると、時代の推移によって、雷神の地位が低落していく様子を目の当たりに見ることができる。まずは書紀の雄略天皇の説話からみていくことにしょう。

雷神の地位の低下

天皇が少子部スガルに詔《みことのり》するところから話がはじまる。「私は三輪山の神を見たい。お前は腕力が人並すぐれているから、みずから行って捕らえて来い」と。スガルは三輪山に登って大蛇を捕らえて来て天皇にお見せしたところ、大蛇は雷のような音をたてて、目をきらきらと輝かせたので、天皇は恐れて殿中に隠れてしまわれた。天皇は雷の迫力に圧倒されてしまったのである。

一方、『日本霊異記』の別伝は、話の前半が書紀とは異同があり、天皇と妃が大極殿で同衾しているところを、少子部スガルがそれとは知らずに御殿に参入する。天皇は恥ずかしいところを見られたので、途中で事をやめてしまった。折しも雷が鳴ったので、天皇は照れ隠しと腹いせのつもりで、「お前は雷をよんでこられるか」とスガルにいった。スガルが雷を捕まえに行くと、ちょうど豊浦寺と飯岡との中間地点に雷が落ちていた。スガルは雷を輿に乗せ、宮殿に運び入れて天皇にお見せすると、雷は光を放ち明るく輝いたので、天皇は恐れ、多くの供え物をささげて雷が落ちたもとの場所に返させたのであった。

天皇が雷を恐れ丁重に扱っている点は書紀とさほどかわりはない。ただ書紀と異なるのは、別伝では、このあと書紀にはない後日譚が語られることである。それによると、スガルの死後、天皇は彼の忠信を記念して雷の落ちた同じ場所に碑文の柱を立てて、これに「雷を取りしスガルの墓なり」と明記した。雷はこの碑文を憎み恨んで雷鳴とともに落下し、碑文の柱を踏みつけたものの、柱の裂け目にはさまれて、ふたたび捕らえられてしまった。雷は七日七夜もその状態でいたが、天皇の命で雷は裂け目から解かれて放免された。天皇の勅使はあらためて碑文を立て、これに「生きても死にても雷を捕らえしスガルの墓なり」と記したという。スガルは生前も死後も雷を捕らえたといういささかユーモラスな碑文で結ばれている。

同じ少子部スガルの説話でも、雷の処遇に焦点を当てると、『日本書紀』と『日本霊異記』との違いは明白である。『日本書紀』の成立は養老四（七二〇）年、『日本霊異記』は弘仁十三（八二二）年だから、一世紀の間に雷の威信は失墜し、その凋落ぶりはおおうべくもない。とくに雷が碑文の柱に落雷して、電撃を加えたものの、柱の裂け目にはさまれて身動きがとれなくなったところなどは哀れとしかいいようがない。雷の面目はまるつぶれで、昔日の面影はまったく感じられない。

雷にまつわる話をもう一例紹介しよう。『常陸国風土記』に記載された哺時臥《くれふし》山説話である。ここにも雷の地位の低下の一端を垣間見ることができる。

常陸国那賀《なか》の郡の茨城の里には哺時臥山という高い丘があり、そこに兄妹が住んでいた。名を努賀毗古《ぬかびこ》、努賀毗売《ぬかびめ》という。妹の寝所に名も知らぬ男が通ってくるようになり、夜に来て昼には帰る。そのうち夫婦になって一夜のうちに懐妊した。月満ちて小さな蛇を生んだ。蛇は昼間はものをいわないけれども、夜になると母と話をする。母のヌカビメと伯父のヌカビコは心中ひそかに神の子ではないかと思い、浄めた杯《つき》（食器）に小蛇を入れて、祭壇を設けて安置した。すると一晩のうちに杯いっぱいに満ちた。こんどは瓮《ひらか》（皿）に代えて入れておくと、また瓮いっぱいに満ちた。さらに大きな器に代えることを三度も四度も繰り返しているうちに、蛇を入れる器がなくなった。そこで母はわが子にこう告げた。「お前の器量をみると、神の子であることがおのずとわかる。わが家の財力では養育しきれないので、父上のいるところに行きなさい。ここにいてはいけません」。これを聞いて子供は悲しみ、泣きながら涙をぬぐって答えていう。「謹んで母上の仰せはたまわりました。あえて不服をいうつもりはありません。しかし私はひとりぼっちで、一緒に行ってくれるものがおりません。お願いですから、私を哀れに思って一人の小子《わらわ》をつけてください」。母がいうには、「わが家にいるのはこの母と伯父だけで、お前もわかっているではありませんか。お前につき従う者はおりません」と。これを聞いて子供は恨めしさを押し殺したように黙りこんでしまった。そして別れる間際になって、怒りを抑えきれず、伯父に電撃をくわえて天に昇ろうとした。母はびっくりして、瓮をとって子供に投げつけると、それが触れて子供は昇天することができない。それでこの峰にとどまった。小蛇を入れた瓮と甕はいまも片岡の村にあり、その子孫は社を建てて祀り、今日にいたっているという。

この説話は三輪山伝説と同類の話である。ヌカビメが生んだのは雷神の子で、生まれた子供が蛇であることからその正体が知れる。雷神の子が昇天する話は『山城国風土記』逸文の賀茂の社の縁起にもみえる。この縁起では、御子は屋根の瓦を突き破って天に昇って行ったが、哺時臥山説話では、母の投げた瓮に触れて天に昇ることができない。雷神はもともと天空にいて、地上に落下したり昇天したりする。されば雷神が昇天できないのは面子《めんつ》にかかわることであり、母の妨害があったとはいえ、明らかに雷神の神通力が失われたことを示している。

蛇と未開のイメージ

雷はしばしば蛇体としてこの世に示現する。雷の神通力が失われ、その地位が低落するにともない、その本体である蛇をめぐる話にも当然ながら変化がみられるようになる。昔話「蛇婿入」では、すでにその傾向がはっきりとあらわれている。この話のモチーフは、蛇が人間の母胎を借りて子孫を残すことだが、人間が堕胎の方法を知って、蛇の目論見は不首尾に終わることが多い。結末の語り口に多少の違いはあっても趣旨は同じである。『日本昔話大成』第二巻からいくつか例を拾ってみよう。

五月節供の菖蒲湯に入れば流産すると、親子の蛇が語っているのを聞く。その通りにすると小蛇を流産する（福井県吉田郡）

蓬と菖蒲を煎じて飲むと子種は落ちてしまう　（福島県南会津郡）

人間は知恵がある。艾《よもぎ》と菖蒲を煎じて飲んで盥に腰をつけておれば流産すると語っている

（鹿児島県薩摩郡上甑島）

いずれも人間の知恵が蛇のそれにまさるという教訓めいた話で結ばれていて、これは雷神の地位の低下と軌を一にするものといえる。

蛇が人間の母胎を借りて子孫を残すことに失敗するのは、蛇よりも人間の知恵がまさることを意味している。血筋を同じくする集団は無意識的なつながりが強く、したがってこれは無意識の意識化、あるいは意識の拡大を説話風に語った話といえるだろう。人間の意識が拡大するにつれ、蛇を祖先に持つことがかならずしもすぐれた家系の証とはみなされなくなった。それどころか、むしろ忌避すべきものという負のイメージで語られるようになったのである。

ひるがえってみると、蛇の凋落はすでに『日本書紀』編纂の段階でその兆候がみられたようである。書紀の成立は養老四（七二〇）年で、『古事記』は序文の奥書によれば和銅五（七一二）年とされるから、その差はわずか八年にすぎない。成立年代にさほど違いがないにもかかわらず、編纂の趣旨は同日の談でない。西郷信綱氏によれば、『日本書紀』は「外国を強く意識してものされた書」であった（『日本の古代語を探る』、一九四頁）。書名に「日本」という語を冠していることが『古事記』との違いを際立たせている。内容からいっても、外交上の配慮が随所にみられ、とくに初代天皇である神武天皇の出自に関しては細心の注意がはらわれているようである。

『古事記』によると、神武天皇の正妃はヒメタタライスケヨリヒメといって、大物主神とセヤダタラヒメとの間に生まれた娘である。大物主神はいうまでもなく蛇身であり、イスケヨリヒメの家は狭井《さい》河のほとりにあって、神武天皇とヒメとの最初の出会いもこの家であったことは、ヒメが宮中に参内したみぎり天皇が詠んだとされる御歌によっ

て知ることができる。

葦原の　しけしき小屋《をや》に　菅畳《すがたたみ》　いや清《さや》敷きて　我《わ》が二人寝し

葦の茂った原の荒れた粗末な小屋に、菅の蓆をさやさやと敷いて、私たち二人は寝たことだという。大物主神という蛇身の父をもつヒメの家が狭井河のほとりの葦の茂った原というのもいかさまうなずける。葦原といい、粗末な小屋といい、はたまた菅畳といい、天皇と正妃との最初の逢瀬の場にしては野卑にあふれている。

とくに日本は東アジアのモンスーン地帯に属し、かつては国土の平野の多くが沼地や湿原で覆われていたらしい。日本の天地開闢神話をひもとくと、葦原から最初の神が誕生したことが語られている。これは原初の平野のいたるところに葦の生える水辺が点在していたことを想像させるもので、日本の平野の原風景であり、なかんずく葦はその象徴ともいうべきものであった。

いずれにせよ葦は自然そのものであり、西郷信綱氏の言葉を借りれば、「未開の自然であり混沌」であって、こうしたイメージを払拭するためであろうか、書紀では神武天皇とヒメとの出会の場面は削除されている。そのほかにも書き改められた箇所は少なくない。西郷氏によれば、たとえば『古事記』の神倭伊波礼毘古命《かむやまといはれびこのみこと》（神武）は書紀では神日本磐余《いはれ》彦天皇に、倭建命《やまとたけるのみこと》は日本武尊に書き改められているし、初代天皇の正妃が「蛇身の子であり云々といった話が、いかに恥ずべき野蛮とされたかわかる」という（同前、一九四頁）。

このように『日本書紀』の編纂の段階で、すでに蛇の凋落は始まっていたようである。蛇の地位が相対的に低下するにともない、蛇にまつわる説話や伝説にも微妙な変化がみられるようになる。蛇は聖なるもの、畏怖すべきものから一転して忌避すべきもの、嫌悪すべきものとされ、負のイメージで語られようになるのである。

第三章　グレートマザー――容器のシンボリズム

道成寺説話

蛇は両性具有的であり、男性的なイメージがある一方では、女性的なイメージもある。また心理学的にいえば、蛇は前意識的な段階を象徴する動物であり、とくに蛇がとぐろを巻いた状態は無意識をあらわしている。三輪山伝説や昔話の「蛇婿入」では蛇が女のもとに通って男に変身する。蛇は女にとってアニムスであり、蛇が変身した男はその人格的表現である。女はアニムスの誘惑に負けて蛇の子を宿すけれども、「蛇婿入」の昔話では話の結末が三輪山伝説とは違っている。娘は蛇の子を宿したものの、堕胎の方法を知って事なきを得る。これは心理学的にいえばアニムスの就縛からの解放を宣言しているとみることもできるだろう。意識の目覚めである。

一方で蛇は男にとってアニマをあらわしている。アニマ像の中核をなしているのは母親元型で、これが否定的にはたらくと、男を呑み込み、破滅にいたらしめる恐ろしい存在へと変貌する。具体的には蛇がとぐろを巻いた状態で表現されることが多いようで、たとえば安珍・清姫で有名な道成寺説話でも、大蛇に変身した清姫は安珍が隠れていた大鐘をぐるぐる巻きにしたあげく、毒熱で鐘もろとも焼き尽くしてしまう。この説話は三輪山伝説や昔話の「蛇婿入」とは逆に男ではなく女が蛇に変身する話であり、本書のテーマにも密接にかかわるので、紙面を割いて少し詳しくみていくことにしよう。

道成寺説話は長久年間（一〇四〇～四四）に成立した『法華験記』巻第百二十九の「紀伊国牟婁郡《むろのこおり》悪女」と題され

た話が最古とされる。これを典拠とし、漢文体を片仮名まじり文にあらためたのが『今昔物語集』巻第十四第三「紀伊国道成寺の僧法華を写し蛇《じゃ》を救う語《こと》」であり、まずはこれにしたがって概要を記しておきたい。

熊野に参詣する二人の僧がいた。一人は老人で、もう一人は容姿端麗な若い僧である。牟婁郡まで来たところで、二人はある民家に泊めてもらうことにした。その家の主《あるじ》は若い寡婦であったが、若い僧が美男であるのを見て、深い愛欲の心を起こし、その夜、僧に激しく迫った。僧は驚くとともに恐れ、自分には身心の精進をして熊野権現に参詣する宿願がある。もし宿願を破ればお互いに罪深いことになるでしょうといっても、女は一晩中僧を抱きしめて放そうとしない。僧は口実をもうけて女を説得する。参詣の宿願を果たしたら、あらためてここに立ち寄るので、そのときはあなたの言う通りにしましょうと。こうして女をなだめ説き伏せ、夜明けをまって僧は熊野へ向かった。

それから数日がたち、約束の日がやってきた。しかしいつになっても僧がやってくる気配はない。僧は女を恐れ、逃げるようにして別の道を通って行ったのである。だまされたことを知った女は血相を変えて寝室に閉じこもってしまった。しばらくして女は死んだかと思うと、五尋もある毒蛇が寝室から這い出てきた。修羅の妄執から狂死した女が毒蛇に変身したのである。大蛇は家を出て街道を這って、かの二人の僧を追いかける。寡婦が大蛇と化して背後に迫っていることに気づいた二人は一目散に駆け出す。そして道成寺という寺に逃げ込み、助けをもとめた。事情を聞いた寺の僧たちは、鐘を引き下ろして、若い僧を鐘のなかに隠した。しばらくして大蛇が追いかけてきて、寺の境内に入り、僧を隠した鐘に巻きつき、毒熱の気を吐きかけ、その火焔によって僧は鐘もろとも焼き殺されてしまった。僧は毒蛇と化した寡婦にとらわれたあげく、むりやり夫にされ、蛇道に落ちてしまったのである。その後、二匹の蛇が道成寺の老僧の夢枕に立ち、『法華経』の書写供養を願い出る。老僧は願いどおりに供養し、その霊験によって二人は蛇身を離れて忉利天《とうりてん》に転生した。

以上が話のあらすじである。まず注目したいのは、寡婦が毒蛇に変身する場面である。約束を反故にされた女は怒

りのあまり寝室にこもってしまう。原文では、

…大ニ嗔《いかり》テ、家《いへ》ニ返《かへり》テ寝屋《ねや》ニ籠居《こもりい》ヌ。音《おと》セズシテ暫《しばら》ク有《あり》テ、即《すなは》チ死《し》ヌ。家《いへ》ノ従女等《とものをむなら》、此《こ》レヲ見《み》テ泣《な》キ悲《かなし》ム程《ほど》ニ、五尋許《いつひろばかり》ノ毒蛇《どくじゃ》、忽《たちまち》ニ寝屋《ねや》ヨリ出《いで》ヌ。

とある。寝屋はたんなる寝室にとどまらず死と再生の場でもあった。寝屋は納戸ともいう。納戸はほとんど窓のない閉鎖的な空間であることから母胎に擬せられる。母胎は死と再生のエネルギーを封じ込めた容器であり、納戸もまた疑似母胎として死と再生の場であった。

たとえば結婚式で行われる「納戸入り」の儀礼なども死と再生にかかわっている。これは一種の入家式で、婚礼の当日、嫁が生家を出るとき、その跡を箒で掃き出したり、門口で茶碗をたたき割ったり、葬式の出棺に似た儀礼が行われる。これは生家の女の死という象徴な意味がこめられているようである。そして婚家で行われる納戸入りは、生家の女であることを否定された娘があらためて婚家の嫁に転身する儀礼と位置づけることができる。納戸に一晩中こもることで生家の女の死と、婚家の嫁としての再生がはたされるのである。

毒蛇に転生する

また昔話の「大歳の客」でも、納戸がものを生みだす空間、死と再生の場とされている。納戸に置かれた死体が一晩のうちに黄金に変わるのである。大歳の晩、火種を消してしまった女房がいた。困った女房は乞食のような爺さんから死体と引き換えに火を貸してもらう。死体を預かったものの、その処置に困った女房は、主人に見つからないよ

うに納戸にそっと死体を隠す。翌朝、おそるおそる納戸に入ってみると、死体は黄金に変わっていた。死体は文字通り死の象徴、黄金は生の象徴であり、納戸に置いた死体が黄金に変わったのは、そこが死と再生の場であったからで、納戸が疑似母胎とされるゆえんである。

このように納戸、つまり寝屋は死と再生の場であり、道成寺説話で寡婦が寝屋にこもるのも、やはり死と再生にかかわっている。寡婦は寝屋に入るときは女であったが、出るときは毒蛇に変身していた。これは寝屋のなかで死と再生が行われたことを示している。死と再生の場は忌み籠りの空間でもあり、寡婦は寝屋に籠っている間に毒蛇に転生するのである。

忌み籠りの空間といえば、この説話の舞台である熊野や牟婁郡という土地柄にも着目したい。熊野は古くは「熊野国」と呼ばれ、紀伊国の外にあったが、孝徳天皇の時代、国郡制定により紀伊国牟婁郡になったといわれる（『和歌山県の地名』、二四頁）。熊野の熊は「隈」でもあり、隈には「奥まった所」「目立たない所」「隠しているところ」（『岩波古語辞典』）などの意味があり、要は籠るのにふさわしい場所である。また牟婁《ムロ》は室と同義とされ、ムロには「こもって住む所」という意味がある。したがって熊野にしても牟婁郡にしても、籠りの空間であることにかわりはなく、さればこの地に在住する寡婦が寝屋という忌み籠りの空間で毒蛇に転身するのはきわめて象徴的な話といえる。熊野、牟婁、寝屋はいずれもムロであり、三者はたがいに入れ子構造の関係にあって、阿部真司氏が指摘するように、熊野の牟婁郡が道成寺説話の発祥の地であることもたんなる偶然として片づけるわけにはいかない（『蛇神伝承論序説』、一四四頁）。

道成寺説話はその後も長く語り継がれ、やがて室町時代（十五世紀後半）には『道成寺縁起絵巻』（上下二巻）が完成する。縁起の筋書きは先行する道成寺説話とほぼ同じで、大きな違いといえば寡婦が毒蛇に変身する場面である。説話では、寡婦は寝屋に籠っているあいだに毒蛇と化したが、縁起では絵巻特有の視覚的効果を最大限に生かしつつ、寡婦が大蛇に変身する様子を時々刻々と描き出す。読者は絵巻をひもときながら、女が僧を追跡する場面を目で追うことになる。ともあれ絵巻の中身をのぞいてみることにしよう。

たとえば上巻第十紙では、女が髪を振り乱し、必死に僧のあとを追いかける姿が描かれている。着物の裾は乱れ、草履はすり切れ、しかも片方は脱げて裸足である。とくに片足が裸足ということは、やがて足のない大蛇へと変身する前触れともとれる。

同第十二紙は、切目《きりめ》川の浅瀬を女が裸足で駆けていく姿を描いている。川から上がった女はなおも僧のあとを追いかける。女が吐く息は火炎と化し、いよいよ大蛇の正体をあらわしはじめたようである。逃げる僧はどうかというと、背負っていた笈も経箱も投げ出し、少しでも身軽になって女の追跡をかわすのに必死である。上巻の末尾近くになると、女は首から上がすでに大蛇と化し、口から火炎を吐き出しながら僧のあとを追う。読者は手に汗を握りながら、思わず僧に感情移入してしまうことであろう。そして上巻の最後で物語は一つの山場をむかえる。ここまで逃げのびてきた僧が日高川を渡る場面である。おりしも川は洪水で水かさが増し、やむなく僧は渡し船で川を渡ることにした。女はさほど遠くない距離まで迫っているはずで、一刻の猶予もない。ここで絵巻の詞書を引いておこう。

日高河と云ふ河にて、折節、大水出《い》でて、此の僧、舟にて渡りぬ。舟渡しに云ふ様、「斯かる者の、只今追ひて来るべし。定めて、此の舟に乗らんと言はむずらん。穴賢《あなかしこ》、穴賢、乗せ給ふな」と言ひけり。此の僧は、急ぎ逃げるけり。虻《あむ》の如く来て、「渡せ」と申しけれども、舟渡、渡さず。其の時、衣《きぬ》を脱ぎ捨て、大毒蛇と成りて、此の河をば渡りにけり（続日本絵巻大成一三『桑実寺縁起・道成寺縁起』、八九頁）。

僧は船頭に事情を説明し、あとから追いかけてくる女を乗せないようにくれぐれもたのむ。船頭は僧のただならぬ様子を察し、二つ返事で承知すると、すぐさま僧を船に乗せて対岸へ渡る。そして僧を渡し終えて、引き返したところに女がやってきたが、船頭は頑として乗船を拒否する。すると女はその場で着物を脱ぎ捨て、川に飛び込んだかと思うと、大きな毒蛇になって川を渡っていった。絵巻には、岸辺に脱ぎ捨てられた着物、川を泳いでいく大蛇、その光景を目の当たりにして瞠若する船頭の姿が鮮やかに描かれている。

若い僧をとぐろに巻く

ここで『道成寺縁起絵巻』の上巻が終わり、物語は下巻でいよいよクライマックスをむかえる。下巻の内容は『今昔物語集』所収の説話と大同小異なので省略するとして、上巻の最後の場面、つまり女が川を渡る途中で大蛇に変身する話にあらためて光を当ててみたい。安永寿延氏はこの絵巻にふれ、「道成寺説話のヒロインが川を渡る際に蛇体に変身したことは彼女が単なる霊格ではなく、水神的、農耕神的性格をもっていたことを示唆している」と述べている（『伝承の論理』、二四二頁）。水神の本体は蛇体であり、この説話のヒロインである寡婦が大蛇に変身するところをみると、彼女にはもともと水神的性格があったのだろう。後述するように、蛇は水の精が目に見える姿であらわれたものであり、したがって大蛇に変身した寡婦は水の精の人格的表現ということもできる。寡婦はもともと大蛇であって、それが女に化けたといってもいい。水と蛇と女はいずれも深層でつながっていて、その意味でも女が川のなかで大蛇に変身するのはすこぶる象徴的である。

実は女が川のなかで大蛇に変身する話は多く、『道成寺縁起絵巻』はその一例にすぎない。女と大蛇と水というテーマに絞っていえば、江戸初期（一六八七）の怪異説話集『奇異雑談集』巻第二にある説話なども興味深い。これは「戸津坂本《とづさかもと》にて、女人、僧を逐《をつ》て、共《とも》に瀬田《せた》の橋《はし》に身《み》をなけ、大虵《だいじゃ》になりし事」という表題からもわかるように、女が水の中で大蛇に変身する話である。

あらすじをかいつまんで述べると、曹洞宗のある僧が坂本の戸津に小庵を結び、法談の場を設けたことから話が展開する。法談には多くの聴衆が詰めかけ、そのなかにとりわけ熱心な婦人がいた。年のころは三十ほどで、毎日法談を聴きに来るのはいいとして、事もあろうに聴衆の分限を越えて、僧の私生活にまで入り込み、親しくすることはなはだしかった。そのためあらぬ噂が立ち、僧も困って女を遠ざけようとするが、女は執拗につきまとう。そこで僧は旅支度をととのえ逐電をはかった。僧が逃亡したことを知った女は裸足になって追いかける。女に追われていることに気づいた僧は逃げる。大津、粟津、松本を過ぎて、瀬田の橋にさしかかったところで、女に追いつかれそうになった。僧は橋のなかほどから川に飛び込むと、女もためらうことなく後に続いた。僧と女が相次いで川に飛び込んだことから騒動になり、橋の上には大勢の見物人が押し寄せた。瀬田の水連者五、六人が裸になって水中に入ってみたところ、水底で女は大蛇になり、僧にまつわりついていた（『仮名草子集成』第二一巻、一一四～七頁）。

以上が話の大要である。女が僧に愛執の念をいだき大蛇に変身するところは道成寺説話をほうふつさせる。女は大蛇と化して僧にまつわりつく。道成寺説話でも寡婦は大蛇に変身して鐘もろとも僧をぐるぐる巻きにした。大蛇に変身した女がとぐろを巻いて僧を締め上げる点はどちらも同じである。また女は水中に飛び込むと大蛇に変身するから、これは女がもともと水の精であることを示唆している。女というのは仮の姿であって、その正体は大蛇である。道成寺説話の寡婦も大蛇が仮の姿で現れたもので、女も寡婦も水中に入ると、文字通り水を得た魚のごとく大蛇という本来の姿に戻るのである。

道成寺説話と『奇異雑談集』の説話に登場する女は、いずれも水の精の人格的表現ということができる。ユングによれば、「水の精はわれわれがアニマと名づける妖しい女性的な存在の、より本能的な前段階である」という（『元型論』、六四頁）。水の精は蛇体の姿をとることが多く、大蛇もまたアニマの「本能的な前段階」をあらわしている。そしてアニマがさらに人格化されると具体的な女性像としてあらわれる。道成寺説話と『奇異雑談集』の説話の女はこれにあたり、この女性像は水の精が本能的な前段階である蛇体をへて人格化されたものであって、女が最後に大蛇に変身するのは、アニマのもとの姿、つまり水の精に戻ったことを示している。

昔話「食わず女房」

アニマは肯定的にはたらくと創造的なエネルギーになるけれども、逆に否定的にはたらくと、あらゆるものを呑み込む破壊的なエネルギーを帯びることになる。女が大蛇と化して僧に巻きつくのは、僧をわがものにしようとする強烈な愛欲心が具体的なかたちをとったもので、アニマの否定的な側面をあらわしている。

グレートマザーもアニマの人格化された女性像である。グレートマザーは一般に「太母」と訳されることが多く、また容器によって象徴されるのも特徴である。太母と容器の関係については、河合隼雄氏も、「太母は其の中に全てのものを包含し、その中で変容の過程が生じる、という意味において、何らかの容器によって象徴されることが多い」と述べている（『昔話と日本人の心』、五四頁）。道成寺説話や『奇異雑談集』の説話との関連でいえば、大蛇がとぐろを巻いた状態は容器の形であり、大蛇はみずから容器の形をとることでグレートマザーであることを具体的に示している。

『奇異雑談集』の説話に戻ると、僧が瀬田の橋から川に飛び込むのも、考えてみれば暗示的である。橋は境界とされ、橋の下に大蛇が棲むという話は多く、瀬田橋も例外ではない。高田衛氏はこの説話にふれて、「瀬田橋の下の水底は竜宮城に通ずると称されていた」と述べている（『女と蛇』、八〇頁）。竜宮は水界の別名で、要するに瀬田橋の下の水底は水界への参入口であった。水界に住むのは龍蛇であり、大蛇たる女も瀬田橋という境界を通路にして僧の法談を聴きにきていたのである。僧は女から逃げたつもりが、逆に女に引き寄せられるようにして瀬田橋にやってくるのも妙に因縁めいた話で、これも女がグレートマザーであることを思えば肯われるであろう。

僧は女の術中にまんまとはまってしまったのである。逆説的な言い方をすれば、僧は女から逃げれば逃げるほど、ますます女に近づいていく。女が仕掛けた罠の中で、僧はただいたずらにもがいているような印象を受ける。これを具体的なイメージであらわせば、目に見えない巨大な容器の中に捕らわれた状態とでもいえようか。道成寺説話ではその容器が視覚化される。大蛇に追われた若い僧は寺に逃げ込み、鐘の中にかくまわれる。鐘も形状からして容器であり、しかも隠れたつもりが実は容器の中に捕われていることに本人は気づかない。気づかないのも無理はない。容器は無意識をあらわしているからで、その中にいる人間にはその存在すら気づかないのである。とくに『奇異雑談集』の説話では、僧を閉じ込めた巨大な容器は目に見えないだけに、女から逃げまどう僧の姿がかえって哀れである。いったん容器の中にとらわれてしまうと、そこから脱出するのはまことに難しい。あらゆるものを呑み込むというグレートマザーの特徴は容器によって具現化されるのである。

昔話の「食わず女房」などもグレートマザーをモチーフにした話とみることができる。ある男が飯を食わない嫁を探していると、望みどおりの女がきて夫婦になる。何も食べずによく働くので、不審に思った男は出かけるふりをして天井に昇って見ていると、嫁は大釜で飯を炊き、握っては頭の口に放り込む。恐ろしくなった男は嫁に暇を出す。嫁はその代わりに大桶を作ってくれといい、桶の中に男を入れて山へ担いでいく。男は途中で木の枝につかまって桶から抜け出し、菖蒲と蓬の繁みに隠れて難を逃れる。以上が一般的な「食わず女房」の話である。

嫁にきた女というのは山姥で、つまりはグレートマザーである。大釜で飯を炊き、握り飯にして頭の口に放り込むところなどは、あらゆるものを呑み込むグレートマザーの特徴がいかんなく示されている。とくに大量の握り飯を頭の口に放り込む姿はまさに容器そのものであって、嫁（＝山姥）はみずから容器と化して、その正体をあらわしたのである。

また山姥が男に桶を作るように要求するのも興味深いところで、この桶がグレートマザーの象徴であることは断るまでもない。山姥が男に要求するのは桶のほかに、風呂桶、盥、箱、籠などがあり、どれも容器、つまりグレートマザーの象徴であって、なかには男の生業を桶屋とする類話もある。また山姥が男を桶の中に入れて運んでいくのは、男が容器すなわちグレートマザーに呑み込まれたことを示している。この話に登場する山姥（＝グレートマザー）がアニマの否定的な側面をあらわしていることもよくわかる。話を整理するまでもなく、この昔話では、山姥をはじめ「容器」が重要なテーマになっていて、グレートマザーのモチーフが通奏低音のように鳴り響いていることがわかる。

グレートマザーの破壊的エネルギー

先ほど、大蛇がとぐろを巻いた状態は容器の形であるといったけれども、容器はグレートマザーの象徴である。グレートマザーには呑み込むという特徴があり、したがって大蛇に巻きつかれるのは呑み込まれることに等しく、その消息はドイツ語の語形からもうかがえるようで、ユングによれば、ドイツ語の「まきつく＝umschlingen」と「のみこむ＝verschlingen」はごく近い関係にあるという（『変容の象徴』上、四六九頁）。

言葉はイメージの世界から生まれるけれども、ドイツ語の「まきつく」と「のみこむ」がごく近い関係にあるというのは、この二つの言葉が同じイメージの世界から紡ぎ出されたことを示唆している。「まきつく」も「のみこむ」も同じ元型的なイメージに由来する言葉ということができる。またユングは、「まきつかれるとは『のみこまれること』、母の体内にはいってゆくことである」とも述べている（同前、一七頁）。「まきつく」と「のみこむ」はどちらも母親元型のイメージを体現する言葉である。

グレートマザーは母親元型の具体的なイメージのあらわれであり、この文脈でいえば、道成寺説話や『奇異雑談集』の説話、それに昔話の「食わず女房」などは母親元型をテーマにした話であって、そのほかにも伝説や昔話の世界にはこの種の話は少なくない。たとえば長野県戸隠地方に伝わる龍蛇伝説なども、ある意味ではグレートマザーや母親元型をテーマにした話ということができる。

高木敏雄著『日本伝説集』にしたがって、その概要を紹介すると、戸隠郷の代官が戸隠山の九頭竜山の本体を見とどけようと山の奥深く入り込む。すると美しい山姫が現れる。これこそ山の化け物と思い、その本性をあばこうとすると、かえって山姫の吐く毒気にあてられ代官は病を得る。それにも懲りず、なおも代官は山中の種ヶ池に行き、駕籠に乗ったまま池の上に浮かび、「汝、生あるものならばこの身を水中に隠せよ」と池に向かって叫ぶと、たちまち池の水面にあやしげな渦巻きが生じ、渦巻きは駕籠もろとも代官を巻き込み、水底に沈めてしまった（一〇四頁）。九頭竜山の本体は蛇身とされるから、池に生じた渦巻きはその化身である。蛇がとぐろを巻いたり、竜が姿を現わしたりするときのイメージを渦巻きに見ているのである。

代官を呑み込んだ渦巻きにあらためて注目してみよう。水面にできる渦巻きは回転する水の動きであり、らせん状の水の流れである。ためしに水をかき回してみるとわかるように、中心にはくぼみができて、水はらせん状の軌跡を描きながらくぼみの中心に吸い込まれていく。渦巻きが描く水の軌跡はすり鉢のような形状、つまり容器の形であり、したがって代官を呑み込んだ渦巻きは容器そのものだといっても過言ではない。容器の特徴は呑み込むことだから、これは「巻きつく」ことは「呑み込む」ことでもあるという母親元型のイメージの具体化にほかならない。代官もまた容器の中に呑み込まれてしまったのである。

道成寺説話では、僧は大蛇に巻きつかれていた。一方の龍蛇伝説では、渦巻きの水の流れが代官を呑み込む。円を描く軌跡という点では、大蛇がとぐろを巻くのも水面にできる渦巻きも同じである。「巻きつく」のも「呑み込む」のも、結局は同じことで、どちらもグレートマザーの否定的な側面を如実に語った話である。

グレートマザーの否定的な側面はとくに「テリブルマザー」と呼ばれ、日本語では「恐母」などと訳される。その具体的なイメージは、いまも述べたように、淵にできる渦巻きや大蛇がとぐろを巻いた姿にみることができる。水には揺するという属性があるけれども、これも母親元型のイメージをあらわしている。水が激しく揺すられるとき、私たちはめまいを覚え、水に呑み込まれるのではないかという恐怖感にとらわれる。具体的には淵の渦巻きを考えてみるとわかりやすいだろう。渦巻きの回転する水の流れをじっと見つめていると、思わず吸い込まれそうになる。淵には入水伝説が多く語られているが、これも理由のないことではない。渦巻きには求心的なエネルギーのようなものが感じられ、そのエネルギーに引き込まれるようにして、人は淵の渦巻きに身を投じるのであろう。これもグレートマザーの恐ろしい半面、つまりテリブルマザーのなせるわざといえよう。

賢淵の伝説

昔話の「食わず女房」をはじめ、道成寺説話や龍蛇伝説はいずれも母親元型の否定的な側面を語った話だが、賢淵《かしこぶち》の伝説もこれと同系の話といえるだろう。柳田国男が『桃太郎の誕生』のなかで紹介する話を参考にすると、ある男が大淵の前で釣り糸を垂れている。すると小さな蜘蛛が淵から出てきて男の足に糸をかけては去っていく。そんなことを何度か繰り返すので男は恐ろしくなり、その糸をそばにある大きな柳の木に移しておくと、やがて水底からその糸を引く者があって、みるみるその木が根株から抜けて、淵の中へ陥没してしまった（『定本柳田國男集』第八巻、一五二頁）。これが全国に分布する一般的な賢淵の伝説である。

また高木敏雄著『日本伝説集』所収の話では、仙台の澱橋の上手にある淵で男がいつものように釣りをしていると、その日にかぎって魚が一匹もかからない。不思議に思っていると、小さな蜘蛛が黒いものをくわえて淵から出てきて、男の足につけていく。蜘蛛は淵から出たり入ったりしながら同じことを繰り返すので、男はそのたびにかたわらの柳の根元にこすりつけておく。しばらくすると、轟音がして、柳の大木は水底に引きずり込まれる。男が驚いていると、淵の中から「賢い、賢い」という声がして、それでこの淵を賢淵と呼ぶようになったと結ばれている（一〇八頁）。

賢淵のことは『枕草子』一四段にもみえる。それには「淵《ふち》は、かしこ淵《ふち》は、いかなる底の心を見て、さる名を付けんとをかし」とあり、当時から賢淵のことは知られていたらしい。どんな深い心からこのような名がついたのか面白いというのが大意。淵は水底がえぐれて深くなったところをいうけれども、淵を目の前にして誰しも思うのは、その深さであろう。青淵といわれるように、淵の底が深いほど水の青さが際立っている。清少納言は「いかなる底の心を見て」といい、淵の底を心の底に掛けて、賢淵の名の由来を問うているのである。

賢淵の伝説で興味をそそられるのは、クモが淵から出てきて男の足に糸を巻きつけていくことである。男を淵の中に引きずり込む魂胆である。この伝説は「蜘蛛淵」、「おとろし淵」、「女郎淵」などとも呼ばれ、民俗学ではクモは水界の霊、もしくは川童の化けたものとされ、いずれにしてもクモは水界とかかわりがある。一方、心理学的にいえば、クモはウロボロス的な女性の象徴、つまりグレートマザーであり、このことは河合隼雄氏も指摘している。「はりめぐらした網によって、虫をとらえて殺してしまう姿は、小さい自我をとらえこんでその成長を阻む太母そのものである」（『昔話と日本人の心』、四九頁）。太母がグレートマザーの日本語訳であることはすでに述べたとおりで、クモが網を張りめぐらして昆虫をとらえて殺す姿はまさにグレートマザーである。

谷崎潤一郎の短編小説『刺青《しせい》』は、ある意味ではグレートマザーを題材にした話とみることもできる。江戸の深川に清吉という腕利きの刺青師《ほりものし》がいた。彼の夢は、いつか輝くような美女の肌を得て、そこにおのれの魂を彫り込むことであった。数年後、年来の夢がかなうことになった。はからずも彼が理想とする女に出会ったからだ。女といっても、まだ十六、七の美しい娘で、いずれは芸妓になる身の上である。刺青師は全身全霊をこめて輝く美肌に針を刺す。その刺青は彼の生命そのものであり、仕事を終えると、刺青師は腑抜け同然であった。女の背中にはみごとな女郎蜘蛛が彫り込まれ、さながら生けるがごとくわだかまっていた。その女郎蜘蛛は男をとらえる化け物で、娘は背中の刺青がのりうつったかのように、男を肥料《こやし》にする魔性の女へ変身する。

背中に女郎蜘蛛の刺青をまとった女はグレートマザーそのものといってもよく、刺青師の清吉もまたみずから彫った刺青の巨大な蜘蛛にとらわれてしまうのである。この短編小説はグレートマザーとしての蜘蛛が巧みに織り込まれた物語ということができる。

この物語は女郎蜘蛛の刺青を背中に彫り込まれた女が魔性の女へ変身する話だが、昔話の「蜘蛛女」は逆に蜘蛛が女に化ける話である。一例に福島県いわき市に伝わる話を紹介すると、古寺に六部が泊まると美しい女が現れて金襴の風呂敷を差し出す。両手で受け取ると手がくっついて離れない。女は蜘蛛になって六部を巻く。光明真言を唱えると自然に取れる。斬りつけると逃げ去り、杉の洞の中で死んでいる(『日本昔話大成』第七巻、一二五頁)。蜘蛛が六部の体に糸を巻きつけるのは、蛇がとぐろ巻いて締め付けるのと同じで、蜘蛛がグレートマザーであることを示している。

賢淵の伝説に戻ると、この話ではクモは淵から出たり入ったりしているから、ここを棲みかにしているようである。淵は水界への参入口であり、クモが水界の霊とされるのもそのためである。また淵そのものにも注意したい。淵は水底が深くえぐれているため、その形状から釜を連想させる。実際に淵はカマとも呼ばれ、たとえば土佐の槇山では深淵のことを俗にカマといい、この地方にかぎらず釜淵、釜ヶ淵、釜谷、釜戸、一つ釜、七つ釜など、全国にはカマと名のつく淵が数多くみられる。これと並行して釜淵の伝説も人口に膾炙している。大釜がころがって淵に落ち、そのまま淵の主になったとされ、ときおり淵の底から釜の鳴る音が聞こえるなどと語られる。淵の形状が釜を思わせることから、このような伝説が生まれたのだろう。淵と釜は元型的には同じイメージをあらわしているのである。

淵をカマ(釜)ともいうことから明らかなように、淵もまた一種の容器とみられていた。賢淵の伝説ではクモは淵を棲みかにしている。容器はグレートマザーの象徴だから、淵という容器を棲みかにするクモはグレートマザーとしてまことにふさわしいといえよう。グレートマザーにはあらゆるものを呑み込むという性質があるけれども、これは淵の特徴でもあって、とくに淵の場合は、そこに発生する渦巻きと関係がある。淵と渦巻きの関係について少し考えてみることにしよう。

淵と渦巻き

そもそも渦巻きはどのようにして発生するのだろうか。渦巻きはらせん状の水の流れで、水の流れに不連続面ができると、その不連続な流れが接するところに渦巻きができる。淵のように水底が深くえぐれているところでは、不連続な水の流れができやすく、そのために渦を巻く現象がみられる。淵と渦巻きの密接な関係は、漢字の「淵」と「渦」の成り立ちからいっても明らかである。漢字の「渦」は渦巻くというのが原義である。渦巻きの中心にはくぼみができて、回転する水はそのくぼみの穴に吸い込まれていくように見える。この現象を象形化したのが「渦」である。一方の「淵」だが、『字訓』によれば、淵のつくり「𣶒」は「回れる水」の意とされ、要するに渦と同じ意味である。このように漢字の成り立ちからみても、淵と渦は切っても切れない関係にあることがわかる。

また漢字の成り立ちとは別に、淵と渦巻きの密接な関係は地名にも残されている。たとえば『播磨国風土記』揖保の郡には、宇頭川《うずかわ》という川の名の由来を述べたくだりがある。

　宇頭川《うづかは》と称ふ所以は、宇須伎津《うすきつ》の西の方に、紋水《うづ》の淵あり。故、宇頭川と号《なづ》く。

宇頭川は渦を巻く淵があることからその名がつけられたという。淵に渦巻きが発生するのは宇頭川にかぎったことではなく、淵の一般的な特徴でもある。だからこれは宇頭川という特定の川の名の由来を語りながら、実は淵一般について述べているともとれる。また高知県土佐郡の方言では、峡谷の淵のことを「うず」というから、淵と渦は密接不可分の関係にあると考えられていたようである。

淵に発生する渦巻きの規則正しい水の回転。それはまるで生きているかのようであり、そこから生き物を連想するのも自然なことだといえよう。渦を巻く生き物といえば、とぐろ巻いた蛇が思い浮かぶし、昔の人々が淵の渦巻きに龍蛇の存在を幻視したとしても不思議はない。そして連想が連想を呼び、水神や龍蛇にまつわる説話や伝説が淵を舞台に語り継がれてきた。一例をあげると、『日本書紀』仁徳天皇のくだりには、淵に棲む竜を退治した話がある。

吉備中國《きびのみちのなかのくに》の川嶋河《かはしまがわ》の川股に龍がいて人を苦しめたので、笠臣《かさのおみ》の先祖の県守《あがたもり》が剣を抜いて淵に入り、龍を斬り、さらに龍の仲間を探すと、「乃《すなは》ち諸《もろもろ》の虬《みつち》の族《やから》、淵の底の岫穴《かふや》に満《いは》めり。悉《ことごとく》に斬る」とあり、もろもろの龍の仲間が淵の底の穴に満ちていたので、ことごとく斬った。そしてそこを県守淵《あがたもりのふち》と名づけたという。

川股は二つの川が合流するところで、不連続な流れが接することから渦が発生しやすい。渦は回転する水の流れであり、いったん渦が発生すると、長年の浸食作用によって川底がえぐられ、深い淵を形成するにいたる。この淵に竜が棲んでいたのである。虬は『名義抄』に「鱉・蛟・大虬ミツチ。魅ミツハ。魍魎ミヅハ」とあり、要するに水の神のことで、大蛇や竜の類とみられる。川股のように二つの川が合流するところでは、ひとたび大雨が降ると、増水した川が氾濫し周辺の村落に被害をもたらす。これを淵に棲む竜の仕業と考えたのである。竜を退治するところなどは、スサノヲのヤマタノヲロチ神話にも通じる話で、この神話の舞台は出雲の斐伊川である。斐伊川は暴れ川で、古来氾濫を繰り返しては周囲の人々を苦しめてきた。ヤマタノヲロチは斐伊川のいわば神格化であり、これをスサノヲが退治するというのがこの神話の骨子である。いま紹介した『日本書紀』の話では、川股に棲む竜が人を苦しめるので、これを県守が征伐した。淵にできる渦巻きは龍蛇のシンボルであり、そのために淵には水の神が棲むと信じられたのである。川と淵の違いこそあれ、水の神を退治するというモチーフはヤマタノヲロチ神話と同じである。

さて、淵と渦巻きの密接な関係が明らかになったところで、あらためて賢淵の伝説を俎上にのせたいと思う。この伝説の舞台である淵もまた、おそらく渦を巻いていたのだろう。伝説はそのことには一切ふれずに、ただ淵から出てきたクモが男の足首に糸を巻きつけていくと語るだけである。クモが男の足首に糸を巻きつけるという行為そのものに注目すれば、これはどうやら淵の渦巻きとも関係があるのではないかと私はみている。

クモにはみずから吐き出す糸で網をかけるという習性がある。それもらせん状に円を描きながら。クモの網は放射状の縦糸と、それに対して直角に張られた横糸からなる。クモが網を張る様子を観察すると、網のいちばん外側にあるのが枠糸で、まずこれを張ってから、枠の内側に縦糸を放射状に張っていく。それが終わると、こんどは中心から外側に向かってらせん状に目の粗い足場糸をかける。そしてこの足場糸をたよりに外側から中心に向けて横糸をかけていく。横糸をかけていく軌跡をたどると渦巻きになる。要するにクモはらせん状の渦巻きを描きながら網をかけるのである。

水の中で大蛇に変身する

賢淵の伝説は淵を舞台にした話である。淵にはよく渦巻きが発生するから、この伝説が生まれる背景にも淵の渦巻きが影を落としているようである。クモは水界の霊であり、この伝説では淵を棲みかにして、そこから出たり入ったりしながら男の足首に糸を巻きつけていく。その動きはらせん状に円を描きながら網をかけるというクモの習性をあらわしたもので、それと同時に、そこには淵の渦巻きのイメージも投影されているように思われる。

前に紹介した長野県戸隠地方の龍蛇伝説では、水面にできる渦巻きには蛇がとぐろを巻いたり竜が出現したりするときの姿がイメージされていた。賢淵の伝説では、淵の渦巻きにクモが網をかけるイメージを重ねて見ているとはいえないだろうか。淵の渦巻きはクモが張りめぐらす網のイメージでもあり、クモが淵から出てきて男の足首に糸をかけていくのは、そのまま淵の渦巻きの軌跡をなぞったもので、この伝説そのものが淵の渦巻きに喚起された話とみることもできる。

賢淵の伝説は淵に棲むクモの話であり、クモはあらゆるものを呑み込むというグレートマザーの否定的な側面をあらわしている。淵も同様で、その渦巻きに呑み込まれると水底に引きずり込まれる。淵は一種の容器であり、容器はとりもなおさずグレートマザーの象徴であるから、この伝説はグレートマザーとしてのクモの面目が躍如とした話ということができる。

淵は容器であり、また境界でもあって、具体的には水界への参入口である。すでにみたように、『奇異雑談集』の説話でも瀬田橋の下の水底は水界の入り口とされている。僧はこの橋まで逃げてきたところで女に追いつかれそうになる。僧はとっさに橋の上から川に飛び込むと、女もそれに続いた。そして水底では、大蛇に変身した女が僧をとぐろに巻いていた。女は瀬田橋の水底に棲む大蛇であり、賢淵の伝説に藉口していえば、僧はクモならぬ大蛇が仕掛けた目に見えない網にかかってしまったのである。『奇異雑談集』の説話の大蛇、賢淵の伝説のクモは、どちらも境界を棲みかにして男たちを捕らえては呑み込んでしまう。もっとも、賢淵の伝説では不首尾に終わるわけだが、ともかくグレートマザーをモチーフにした話であることは共通している。

このようにグレートマザーの呑み込む性質はとりわけ容器によって象徴されることが多いようである。容器は鐘や桶など、明らかにそれとわかるものばかりとはかぎらない。とぐろを巻いた蛇、淵の渦巻き、クモの網のような一見、容器とは思えないものもある。あるいは『奇異雑談集』の説話のように、目に見えないけれども巨大な容器もある。目に見えない容器は、男を捕らえたり呑み込んだりすることでその存在が顕在化する。そう考えると、グレートマザーの恐ろしさは、むしろ目に見えない巨大な容器によって象徴されるのかもしれない。

ところでグレートマザーはもともと両義的で、否定的な側面と肯定的な側面とがあり、これまで述べてきたのはもっぱら否定的な側面としてのグレートマザーである。グレートマザーの肯定的な側面には、やさしく包み込む、庇護するという特徴があり、これが否定的にはたらくと、捕らえる、呑み込むという破壊的なエネルギーに変わる。大蛇やクモはグレートマザーの否定的な側面をあらわしていて、これが人格化されると山姥や鬼女のような姿をとるようになる。

産女もこれに含めていいだろう。ノイマンによると、魔女は「産褥死した女の魂」（『グレート・マザー』、一九九頁）とされる。産女は産褥死した女の魂が幽霊となってあらわれたものだから、産女もまた一種のグレートマザーといえる。

昔話や伝説には美しい女性が登場する話も多く、この美しい女性がグレートマザーの肯定的な側面の人格化であることも少なくない。先に紹介した熊本県玉名市に伝わる竜宮童子の昔話では、薪伐りに行った爺が薪を淵に投げて帰ろうとすると、美しい女が爺を呼びとめる。女は腕に小さな子供を抱いている。この女には母子神としてのグレートマザーの面影が感じられるようである。

一般に竜宮童子の昔話に登場する女にはこのような傾向がみられるようで、一例に岩手県江刺郡に伝わる話を取り上げてみることにしよう。佐々木喜善の『江刺郡昔話』にしたがって、なるべく手短に話の概要を記してみる。

あるところに一人の爺がいた。毎日山へ行き、ある淵のほとりで柴を刈っていると、淵の水がいつもくるくると渦を巻いている。それを面白いと思って、柴を一束投げ込むと、柴は見事にくるくると回って水の底に沈む。これは面白いと思い、また一束、また一束と投げ込んでいるうちに、三カ月の間刈りためておいた柴を残らず淵に投げ込んでしまった。すると淵の中から美しい女が出てきて、柴の礼をいい、ぜひ私の家に来てくれという。そこで爺は目をつぶって女に負われて淵の底に入って行くと、立派な構えの館があり、爺が投げ入れた柴はその脇に積み重ねてあった。爺は館で歓待を受け、帰りに醜い童を土産にもらって帰ってくる。童がいうには、座敷の奥の誰も気づかないところに自分を置いておけという。童のいう通りにすると、家がだんだん豊かになる。ところが、婆が爺の留守中に座敷の奥にいた醜い童を見つけ、頭を箒でうんと叩いたあげく、外に追い出してしまう。それからは、またまただんだんと貧しい元通りの爺婆になってしまった（『江刺郡昔話』、一二三～五頁）。

淵の底には水界があり、爺は目をつぶり、女に背負われて淵の底へ入っていった。これは母親の背中におんぶしながら寝入ってしまった幼児の姿を連想させるし、この女にもやはり母子神のイメージが揺曳している。

異界へ渡るときの作法

竜宮童子の昔話のほかにも美しい女が異界へ招待する話は少なくない。たとえば昔話「浦島太郎」の原作が浦島子伝説であることは周知の通りで、この伝説では島子を常世に誘うのは乙姫であり、この美しい女性にもグレートマザーの一面がみられるようなので、そのあたりを中心にこの伝説に光を当ててみたい。

浦島子伝説については『日本書紀』『万葉集』『本朝神仙伝』『丹後国風土記』逸文などに記載がある。なかでも『丹後国風土記』逸文は書かれた年代も古く、また内容も充実しているので、これをテキストにして話をすすめていく。

雄略天皇の時代、日置の里の筒川の村に日下部首《くさかべのおびと》の先祖で筒川の島子という男がいた。容姿端麗で、風流なことたぐいまれであった。ある日のこと、島子は大海原にひとり小船を浮かべて釣りをしたが、三日三晩たっても魚は一匹も釣れず、ただ五色の亀を取ることができた。以下、亀から変身した乙姫が島子を常世へ誘うまでを原文から引いておく。

乃《すなは》ち五色《いついろ》の亀を得たり。心に奇異《あやし》と思ひて船の中《うち》に置きて、即《やが》て寝るに、忽《たちま》ち婦人《をみな》と為りぬ。その容美麗《かたちうるは》しく、更比《またたく》ふべきものなかりき。嶼子、問ひけらく、「人宅遙遠《ひとざとはろか》にして、海庭《うみには》に人乏《ひとな》し。詎《いづれ》の人か忽《たちまち》に來《き》つる」といへば、女娘《をとめ》、微咲《ほほえ》みて對《こた》へけらく、「風流之士《みやびを》、獨蒼海《ひとりうみ》に汎《うか》べり。近《した》しく談《かた》らはむおもひに勝《た》へず、風雲《かぜくも》の就來《むたき》つ」といひき。

島子は不思議なこともあるものだと思いながら、亀を船の中に置いたまま寝てしまう。するとたちまち亀は婦人になった。その顔かたちの美しさはたとえようがなかった。島子は女に尋ねる。「人家からは遠く離れ、海上には人影もないのに、忽然と現れるとはどこのお方か」と。女が微笑みながら答えるには、「風流なお方が大海原にひとりで船を浮かべていらっしゃる。親しくお話をしたいという気持ちをおさえきれず、風雲とともにやってきました」という。

島子が眠りに落ちるやいなや、釣り上げた亀が美しい女性に変身する。亀から変身した美女は常世に住む神女で、島子を常世へ誘う。いわれるままに島子は承諾し、そして常世への道行は、「女娘《をとめ》、教へて目を眠《ねむ》らしめき。即ち不意《とき》の間《ま》に海中《うみなか》の博《ひろ》く大きなる嶋に至りき」とあり、女は島子に目をつぶるようにいって眠らせると、あっという間に海中の広くて大きな島に到着した。

注目したいのは、ここには人間が異界へ渡るときの作法が具体的に述べられていることである。眠らせて、あとは省略にしたがうのは、人間が異界へ渡るときの約束事であって、昔話や説話の世界ではよくみられるパターンである。先にふれた岩手県江刺郡に伝わる竜宮童子の昔話でも、爺は女からいわれるままに目をつぶり、女に背負われて淵の底へ入っていった。

常世は異界であり、魂が安住する世界であるから、生身の人間がそのままの姿で常世へ渡ることはできない。眠りは異界へ抜け出るときの通路であり、手続きである。異界へ渡るとき、きまって目をつぶるようにいわれたり、眠るようにいわれたりするのはほかでもない、魂を肉体から離脱させるためである。浦島子伝説では、島子は一匹の亀を釣り上げると、その亀を船の中に置いたまま寝てしまう。このときの島子は夢うつつの状態であり、そしてさらに亀から変身した乙姫が島子に目をつぶるようにいって眠らせているから、これで島子は完全に眠りに落ち、それと同時に島子の肉体から魂が離脱したと考えられる。乙姫はその魂を連れて常世へ行くのである。同じことは竜宮童子の昔話の爺についてもいえる。爺は女に背負われて寝ているうちに、爺の肉体から魂が離脱し、その魂が水界へ抜け出たのである。

ダンテの『神曲』地獄篇では、ダンテが大詩人ウェルギリウスに導かれて冥府へ案内されるが、この場合も冥府の川アケローンを渡ったのはダンテ自身ではなく、その魂であった。二人はアケローンの河原に至る。ここで死者の魂は渡し守カロンの船に乗り、川を渡って冥府へ赴くのである。河原には多くの死者の魂が乗船を待っている。そのとき、目ざとい渡し守のカロンがダンテを見つけ、大声でたしなめる。「おい、そこのおまえ、生ける魂、死んでおるこの者どもから離れんか」と（講談社学術文庫、六二頁）。しかし導き手のウェルギリウスの一言でカロンは説得される。すると暗闇に包まれた河原に赤い稲妻の光が走り、その光の一撃を受けてダンテは昏倒し、気を失ってしまう。気がつくと、彼は断崖の上にいた。意識を失っている間に、ダンテはアケローンの川を渡っていたのである。川を渡ったのはダンテの魂であり、眠り込んでいるうちに魂が肉体から離脱したのである。眠りが異界へ渡るときの通路であり、手続きであることがここでも述べられているのは興味深い。

浦島子伝説

浦島子が渡った常世は異界である。異界に滞在したのは魂だけであって、肉体はいわば仮死状態のまま、現世と異界の境界に宙ぶらりんの状態で置かれていたのである。

さりながら、常世に滞在した島子は地上にいるときと同じように肉体をもち、地上と変わらない生活を送っているようにも見える。しかし肉体のように見えるのは、実は影であって、島子は魂の影として常世に滞在したのである。前にも述べたように、魂の影は魂が仮の姿で現われたもので、端的にいえば幽霊と同じである。

古代ギリシア時代、なかでもソクラテス以前の霊魂観もこれとよく似ていたらしい。出隆氏によれば、死者の魂は地下の国へ赴き、かつてその肉体にいたときの彼の写しとして、だが肉体を失って拠りどころのない姿で、いわば影のように、あるいは烟のように、弱々しく暮らしていると考えられたという（『出隆著作集』別巻一、二二頁）。「かつてその肉体にいたときの彼の写し」とは、日本でいえばさしづめ「魂の影」に相当するといえよう。魂の影は本人と寸分違わぬ姿形をあらわすとされるから、これは本人の写し（＝コピー）とみていいだろう。冥府を含む異界では魂は影として存在するのであって、現世に帰還したときだけ、魂は肉体という容器の中に宿るのである。

話を戻すと、浦島子は常世で乙姫と逸楽の日々を過ごすけれども、そのうち故郷が恋しくなり、地上に帰ることになる。眠りが異界へ渡るときの作法なら、現世に帰るときも同じ作法にしたがうのが道理である。乙姫は島子を境界まで送っていくと、「即《やが》て相分かれて船に乗る。仍《すなは》ち教《をし》へて目を眠《ねむ》らしめき、忽《たちまち》に本土《もとつくに》の筒川の郷《さと》に到りき」。乙姫と別れた島子は船に乗せられて、即座に眼をつぶるようにいって眠らされている。帰路は往路とは逆に眠っているうちに離脱した魂が肉体に戻るわけだが、しかし島子の場合は少し違っていた。島子は別れ際に乙姫から玉匣を手渡される。玉匣の中身が気になるところだが、実は玉匣の中に入っていたのは島子の魂であった。島子の魂は常世へ抜け出たときに、すでに乙姫の手に渡っていた。島子の魂は乙姫に人質に取られていたのである。ところが島子が地上に帰りたいというので、乙姫は人質に取った島子の魂を匣に入れて本人に持たせたのである。

余談ながら玉匣は容器であり、E・ノイマンによると、「女はすぐれて容器として体験される」といい、さらに「女とは、その〈中〉で子供を孕み、性行為において男がその〈中〉に《入る》ものであるから、女を身体―容器と表現することはまことに自然である」という（『グレート・マザー』、五八頁）。

玉匣も容器であるから、これを乙姫のシンボルとみることもできるだろう。玉匣のなかに入っていたのは島子の魂であった。玉匣は乙姫のシンボルであり、その中に島子の魂が入っていたのは、玉匣そのものが乙姫と島子との愛の象徴という意味合いがあるのだろう。

島子は乙姫との愛の象徴ともいうべき玉匣を小脇にかかえて郷里の筒川に帰ってきた。とはいえ、地上の人間からみると島子の姿はまことに奇妙である。どこが奇妙かといえば、島子は地上に帰ってきたものの、島子の魂は匣に入ったままで、肉体は魂のこもらない脱け殻同然であり、島子の魂と肉体はばらばらの状態であるからだ。

島子は自分の魂の入った匣を肌身離さずしっかり握っていることで、かろうじて生命を維持している状態である。むろん本人はそんなことなどつゆ知らず、それよりも島子を落胆させたのは、郷里の筒川に帰ってきても両親はおろか誰一人として知る人がいないことである。それもそのはず、常世で過ごした三年間が地上では三〇〇年に相当していたからだ。途方にくれた島子は、寂しさのあまり玉匣を開けてしまう。すると、「忽《たちま》ちに玉匣《たまくしげ》を開《ひら》きければ、即《すなは》ち瞻《めにみ》ざる間《あひだ》に、芳蘭《かぐは》しき體《すがた》、風雲《かぜくも》に率《したが》ひて蒼天《あめ》に翩飛《とびか》けりき」とあり、かぐわしい島子の姿態、つまり若さは一瞬のうちに風雲とともに蒼空に飛び去ってしまったという。

この場面は重要なので、参考までに別の史伝にもあたってみることにしよう。『万葉集』には高橋虫麻呂の「水江浦島子を詠む一首」と題する長歌がおさめられていて、それには、玉匣を開くと白雲が出て、常世の方へたなびいていくとある。

玉篋《たまくしげ》　少しひらくに
白雲の　箱より出でて
常世邊に　たなびきゆけば
(巻第九―一七四〇)

魂は通常は目に見えないけれども、さまざまなかたちをとって人の目に触れることがある。雲もその一つで、目に見えない魂が目に見える姿をとってあらわれたのが雲である。『字訓』によれば、「魂《こん》は魂気を示す。云《うん》は雲気の像」で、魂は雲気となって浮遊するものと考えられていたという(四八三頁)。魂は雲としてあらわれるのである。されば『万葉集』にある「白雲」は魂であり、匣を開けたとたんに島子の魂は常世へ帰っていく。そのあとの島子の身に何が起きたかは周知の通りだが、念のために虫麻呂の長歌の続きを引いておく。

立ち走り　叫び袖振り　反側《こいまろ》び　足ずりしつつ　たちまちに　心消失《けう》せぬ　若かりし　はだも皺《しわ》みぬ　黒かりし
髪も白けぬ　ゆなゆなは　いきさへ絶えて　後遂《のちつい》に　命死にける　…

走りながら叫び、袖を振り、ころげまわり、足摺をしながら、そのまま正気を失ってしまった。若かった皮膚はみるみる皺だらけになり、黒かった髪も白くなって、息も絶えてとうとう死んでしまったという。先ほどもいったように、常世で遊んだ三年間は地上では三〇〇年に相当する。まるで超高速度映画を見るように、三〇〇年という時間が一挙に島子の体に襲いかかる。常世という永遠の世界に遊んだ島子も、現世に帰ればその時間秩序に組み込まれてしまうという当然のことが生じたのである。そして肉体が消滅すると同時に、玉匣の中に保管されていた島子の魂が常世へ帰っていく。

常世に帰還する島子の魂

一方、『丹後国風土記』逸文には、このあとに島子と乙姫との贈答三首が添えられていて、それを読むと、島子が約束にそむいたことから、乙姫とはふたたび会えなくなったとされる。しかしこの贈答三首は後人による追加説が有力である。日本古典文学大系『風土記』の頭注によれば、贈答三首は「この伝承に本来あった歌でなく、伝承を脚色するために他の伝承の歌または後の制作の歌を添え利用したもの」とされる（四七四頁）。

贈答三首はもともと原作にはなかったとすると、島子の魂は風雲とともに常世へ帰っていくのである。虫麻呂の歌に「常世邊に　たなびきゆけば」とあるように。島子の魂は常世に住む乙姫のもとへ帰還する。島子の魂が乙姫に人質に取られていたことはすでに述べたとおりで、乙姫にしてみれば、いちど奪った魂を手放すつもりはなく、地上に帰った島子が玉匣を開けることはあらかじめわかっていたのだろう。匣を開けたために、島子の魂と肉体はばらばらになり、ついには肉体が消滅してしまう。そして魂だけが常世へ帰還するのである。常世は魂が安住する世界であり、島子は魂としてあらためて乙姫のもとに帰っていくのである。もう肉体はないから、異界へ渡るときの面倒な作法は不要である。

どうやら乙姫には男を捕らえて呑み込んでしまうというグレートマザーの破壊的エネルギーの片鱗がうかがえるようである。もっとも、地上に帰りたいという島子の願いをかなえてやっているから、多少人間味も感じられないわけではない。道成寺説話に出てくるような執念深い女でもなさそうである。

乙姫のグレートマザーとしての負の側面はすでに浦島子伝説の冒頭で示唆されているようである。あらためてそのくだりを読み返してみることにしよう。

島子は大海原にひとり小船を浮かべて釣りをしたが、三日三晩たっても魚は一匹も釣れず、ただ五色の亀を取ることができたという。三日三晩、釣り糸を垂れているにもかかわらず魚は一匹もかからない。これはたしかに異常である。何が異常かというと、魚が一匹も釣れないのもさることながら、それ以上に注意したいのは島子の心理状態である。海という水平面だけがかぎりなく広がる単調な風景、それに魚が釣れないという状況が反復的に繰り返される。空間的にも時間的にも単調な状況に置かれると心的エネルギーの停滞が生じる。心的エネルギーが低下すると、退行という現象が生じる。河合隼雄氏は「浦島太郎」の昔話を分析して、このときの浦島が「退行」という心理状況にあったと述べている。「海は測り知れぬ拡がりと深さをもち、その内に無尽蔵のものを宿すという意味において、無意識そのものを表している。その海の上にひとり、孤独な状態にあり、しかも魚が釣れないというのは、心理学でいう『退行』を示すイメージとして、まことにふさわしいものである」（『昔話と日本人の心』、一四八頁）。浦島子伝説の島子もまた退行という心理状況にあったのである。

退行は心的エネルギーが低下したときに起きる現象で、それにともない無意識の活動が活発になる。ありていにいえば、意識がもうろうとした状態、あるいは入眠時における夢とも現《うつつ》ともつかない半醒半睡の状態といってもいい。意識があるのかないのかはっきりしない状況で、島子はなおも海面に漂うがごとく釣り糸を垂れている。眠りは異界へ渡るときの作法だとすると、そのための準備段階としてまことにふさわしいといえよう。

ほどなくして島子は一匹の亀を釣り上げると、その亀が乙姫に変身する。そして乙姫が島子を常世へ連れ出すことを考えれば、これまでの島子をとりまく状況のすべてが、乙姫の演出によるものであることがわかるだろう。三日三晩たっても魚が一匹も釣れなかったのは、亀ならぬ乙姫が島子に近づくために工作したことであり、島子を退行という心理的状況に追い込んだのもしかり。いずれも島子を常世へ連れ出すための計略であって、乙姫は島子が船で沖にこぎ出したときからチャンスをうかがっていたのだろう。乙姫の誘いを受け入れざるをえない状況をあらかじめ準備したうえで、彼女は島子に近づいたのである。クモが獲物を取るために網を張るように、乙姫は巧妙な罠を仕掛けて島子を捕らえてしまったのである。やはり乙姫には男を捕らえて呑み込むというグレートマザーの負の側面があったように思われる。

ともかく美しい女がかならずしもグレートマザーの肯定的な側面をあらわしているとはかぎらないし、竜宮童子の昔話に登場する水辺の女のような母子神のイメージは乙姫には希薄である。

竜宮と胎内回帰

竜宮童子の昔話に登場する美しい女は水神、もしくはその使者であり、もとは水の精で、その人格的表現であろう。『続日本後記』が伝える浦島子伝説によれば、島子は「澄の江の淵に釣りせし云々」とあり、島子も淵から常世へ渡ったことが想像される。また先ほど引いた『万葉集』の高橋虫麻呂の長歌では、常世は「海若神之宮《ワタツミノカミノミヤ》」とあり、海神宮《わたつみのみや》のことだとされている。『日本書紀』が伝える海幸山幸神話の彦火火出見尊《ひこほほでみのみこと》が訪れたのも海神宮である。よく知られているように、この神話は海の獲物を捕る道具と山の獲物を捕る道具を交換した兄弟の話である。ヒコホホデミノミコトは兄の火闌降命《ほのすそりのみこと》から道具を借りてみたものの、魚は一匹も釣れなかったばかりか、大事な釣針を海中に失くしてしまった。ヒコホホデミノミコトは海の潮をつかさどる鹽土老翁《しほつつのをぢ》のはからいで無目籠《まなしかたま》の小船に乗せられて海神宮に渡った。書記によれば、「乃ち無目籠《まなしかたま》を作《つく》りて、彦火火出見尊を籠《かたま》の中《なか》に内《い》れて、海《うみ》に沈《しづ》む」とあり、ヒコホホデミノミコトを乗せた無目籠は海に沈んだことからわかるように、海神宮は海底に想定された水界である。海神宮は常世の別名であるから、浦島子が渡った常世も海底に想定された水界と考えられる。

一方、先にみたように、『丹後風土記』逸文の語るところによれば、「女娘《をとめ》、教へて目を眠《ねむ》らしめき。即ち不意《とき》の間《ま》に海中《うみなか》の博《ひろ》く大きなる嶋に至りき」とあり、島子が連れてこられたのは、海中の広くて大きな島であった。これは海底に想定された水界と矛盾するように思われるかもしれないが、そうではなく、私たちの祖先は、常世は海底にあると同時に、水平線の彼方にもあると想像していたのである。これは常世が二か所あるという意味ではなく、海底の世界は水平線の彼方の世界でもあるといういささか複雑で屈折した世界観をあらわしている。これについては前書（生活文化史選書『木と水のいきものがたり』、雄山閣）で検討したので、ここでは省略するが、いずれにしても常世は水平線の彼方にあると同時に、海底を通じてつながっているとも考えられたのである。

浦島子伝説が語る常世は一種の水界であり、常世の神女である乙姫にも水の精、水の女の面影が感じられる。乙姫は島子が釣り上げた亀から変身した。亀は一般には竜宮の使いとされるけれども、この伝説では、亀は魚、蛤、蛇、蛙、タニシなどとならんで水の精が女性像として人格化される前段階の姿をあらわしているようである。昔話や伝説では水界に案内するのは決まって女性とされ、この女も元来は水の精で、それが人格化された姿であらわれたのである。

ついでにいえば、エジプトのアビドスには魚の姿で表わされたオリシス像があり、ノイマンによれば、これは「女性的—母性的なものが基本的に魚を包み込む水を意味している」とされる（『意識の起源史』上、一二六頁、注）。要するに魚のオリシス像は胎児を包み込む水であるとともに、水の精が人格化される前段階の姿をあらわしているようである。このように水の精が魚をはじめ水生動物の姿をとる例は枚挙にいとまがない。

繰り返せば、常世は海底にあると同時に、水平線の彼方に想定された異界である。「浦島太郎」の昔話では、浦島が訪れたのは海底にある竜宮とされている。竜宮は常世の別名で、とりわけ水界のイメージが濃厚である。石田英一郎氏は、「豊穣力を水に負う大地の女神は、同時に水の神、農の神でもあった」と述べている（「桃太郎」）。大地の女性神は水の神でもあった。大地の神は遠く太古の地母神の系譜につらなる神であり、水の神も同様である。この文脈に沿っていえば、大地の懐深くにある水界は地母神の胎内とみなされる。水底であれ、海底であれ、水を羊水とみれば、そこは羊水に満たされた母胎や子宮のイメージにいろどられている。

浦島は大海原に漂うがごとくひとり小船を浮かべて釣り糸を垂れている。このときの浦島が「退行」という心理状況にあったことはすでにみたとおりである。退行は心的エネルギーが低下したときにあらわれる現象で、一時的には誰にも起こるが、これが常態化すると神経症と診断される。

精神医学的にみると、退行があらわれる原因には極度の不安や恐怖があるといわれる。また精神療法の臨床現場では、神経症の患者は、洞窟、湖、沼などいわゆる子宮をイメージする言葉を好んで口にするそうである（田嶌誠一編『壺イメージ療法』、三〇二頁）。洞窟はいうまでもなく子宮の象徴であり、湖や沼は凹地に水をたたえ、しかも周囲を山や森にかこまれた地形であることから、子宮とその中の羊水をイメージしていると思われる。いずれにしろ、洞窟・湖・沼は子宮のイメージをあらわすもので、何らかの強迫観念にさらされている神経症の患者の口から女性原理、とりわけ母性原理を象徴する言葉が聞かれるのは興味深い。患者は子宮をイメージする言葉を語ることで、それに救いを求めているのだろう。退行現象がみられるとき、私たちは無意識に母なる胎内を夢想し、そこに帰りたいと思うようである。

水の精

浦島が渡った竜宮は子宮や母胎のイメージにいろどられた世界である。それにつけても、退行という心理状況におかれた浦島が亀の背に乗って竜宮へ渡る道程は、まさに胎内回帰と呼ぶのにふさわしいだろう。後述するように、これは浦島の資質や性向とも深くかかわる事柄であって、浦島を取り巻くもろもろの状況が必然的にこのような結果をもたらしたのである。

常世の神女である乙姫には男を捕らえて呑み込むというグレートマザーの一面があるけれども、彼女が目をつける男にもそれなりの資質や性向がみられるようで、そこに「捕らえる―捕らわれる」という相互依存関係があったように思われる。浦島子はまさにこの条件にかなった男である。これは道成寺説話の若い僧、『奇異雑談集』の説話の僧についてもいえることで、いずれも水界の女の目にかなった男である。

ところで、『奇異雑談集』の説話の女は水底で大蛇と化して僧をとぐろに巻いていた。女は水中に飛び込むと、大蛇に変身したのである。また『道成寺縁起絵巻』でも、女は川を渡るときに大蛇に変身している。女が二人とも水の中で大蛇に変身したのはたんなる偶然ではなく、変身には水が不可欠であったからだ。女というのはこの世における仮の姿であって、もともとは大蛇である。大蛇が女の姿に変じてこの世に現れたのである。言い換えれば、女は水の精の人格的表現であり、大蛇は人格化される前段階の姿をあらわしている。まず水の精が大蛇に変身し、さらに大蛇が女に変身したのである。

女が水の中で大蛇に変身する過程をもう少し詳しく説明すると、水には別の次元に転換させるという呪的なはたきがあり、とくに水の中にもぐることは死を意味し、水の中から浮かび上がることは再生を意味する。『奇異雑談集』

の説話に沿っていえば、変身は川の水に触れた瞬間からはじまる。女はいったん水の中にもぐったあと、水面に浮かび上がると大蛇に変身していた。水中にもぐった女が死んで、大蛇として再生する。水の中で死と再生が行われたのである。そして大蛇に変身した女はふたたび水中に沈み、水底で僧をとらえて巻きついたのである。

いささか理屈っぽくなったが、女が大蛇に変身し、僧をとらえるまでの一連の行動を具体的に説明すれば以上のようになるだろう

川に飛び込んだ女が大蛇に変身する場面はこの説話のクライマックスである。女は水の精であり、水の精は蛇体として示現することが多く、水中に飛び込んだ女が大蛇に変身するのはもとの姿に戻ったことを示している。

フランスのメリュジーヌ伝説でも、泉の妖精メリュジーヌは土曜日だけ正体をあらわす。水槽の中で腰から下が蛇に変身するのである。彼女は土曜日には自分の姿を決して見ないという約束を交わして、ポワトゥー伯レイモンと結婚する。だが彼は沐浴中のメリュジーヌの姿を見てしまう。水槽の中で彼女は上半身は人間のままで、腰から下が巨大な蛇になっていた。この伝説でも女は水の中で下半身だけが蛇体に変身するのである。

そもそも水の精や泉の妖精が蛇体の姿をとるのは蛇と水が深層でつながっているからで、ユングも、「ヘビと水は常に結びついています」と述べている（『分析心理学』、一八三頁）。水の精が蛇の姿をとるのはなぜだろうか。これについては章をあらためて検討することにしよう。

第四章　蛇と水——両性具有をめぐって

男性的な水と女性的な水

　ここでは蛇と水の関係を中心に話をすすめていくことになるが、その前に水の性質の要諦だけは押さえておきたい。『易経』の「習坎《しゅうかん》」には、「水は流れて盈《み》たず。険《けん》を行きて其《ゆ》の信を失はず。…」とある。川の水はつねに流れて満ち溢れることがない。険阻なところを流れても、その信念を変えることがないという。水は無形態で形が定まらず、どんなところでも流れていく。流動的かつ変幻自在で、形にとらわれないのが水の特徴である。無形態であるがゆえに、その性質は両義的、両性具有的でもある。あるときは女性的であり、またあるときは男性的であり、時に応じて女性的な水になったり男性的な水になったりする。

　たとえば空から降り注ぐ雨は男性的な水の特徴をよくあらわしている。雨粒は一筋の糸を引きながら地上に落下する。それは日光や電光と同じく「射るもの」というイメージがあり、したがって男性原理の具体的なあらわれとみることができる。剣、矢、杖なども元型的には男性的なイメージをあらわしていて、一筋の糸を引きながら大地に降り注ぐ雨はこれらと同様に男性的なイメージのあらわれであり、とくに雨の場合は具体的には精液として体現される。神話的には水は精液と同じであり、とくに原初神話では、地上に降り注ぐ雨は母なる大地を孕ませる天なる父の精液とみなされる。

　しかし天空から降る雨は男性的な水でも、この水をいったん大地が受け止めると女性的な水に変わる。水のウロボリックで両性具有的な性質をここにみることができる。

地上に降り注いだ雨は大地に浸透し、やがて地下水になり、長い年月を経て地表に湧き出す。卑近なところでは井や泉がある。なかでも泉から湧き出す水はすぐれて女性的であり、具体的には羊水として体現される。そして地表に湧き出した水は最終的には川となって流れるが、川と水は一体だから、水が女性的であれば川もまた女性的である。河川がしばしば女性にたとえられるのもそのためで、たとえばクラリッサ・P・エステスによれば、ラテンアメリカの南西部では、川は「母親、偉大な母、大きな母、偉大な女」として迎えられるという（『狼と駆ける女たち』、四一四頁）。またゾロアスター教の聖典『アヴェスタ』の大母神アルドゥヴイーは一切の生あるものの母であるばかりか、地上を流れるすべての水の源泉たる神秘の河でもあったとされる（石田英一郎『桃太郎の母』、一二六頁）。

さらに煩をいとわずに例をあげると、アイルランドのボイン河、シャノン河は、それぞれ女神ボアンド、シナンの神名に由来するし、ゼーヌ河はガリア人が信仰した治癒の女神セクワナの名にちなんでそう呼ばれるようになったという（吉田敦彦『水の神話』、七八頁）。また南インドのカーヴェリー河は、河そのものが女神として崇拝され、河の水は女神の経血とされ、七月半ばから八月半ばにあたるアーディーという月の一八日目にこの地域の川の水がにわかに増水する。増水は河の豊饒力を表している。とくに四日目に濁った河で新婚の夫婦や女性たちが水浴びをする慣習があり、これは子宮から流れだす血を体に直接かけるという意味があって、女神の経血に含まれる豊饒力にあやかろうとする（田中雅一「女神の水・女神の血」）。

大地から湧き出す水は大地母神の羊水であり、それを集めて流れる川もまた女性的な性格を帯びている。川そのものが女性とみなされるゆえんである。

また同じ川でも小高い丘の上から眺めるのと、近くで見るのとでは多少違った印象を受ける。おだやかな川の流れも至近距離から見ると、水面には無数のさざ波が立っているのがわかる。きらきらと輝くさざ波を目で追っていると、何やら生き物がうごめいているようにも感じられる。体をくねらせながら地を這って移動する蛇の姿である。水面のさざ波は蛇を連想させ、ここに蛇と水との深いかかわりの原点があるように思われる。「ヘビのくねる姿は波立つ水面を表す」（『イメージ・シンボル事典』、五六三頁）といわれるように、蛇は水面のさざ波を形象化したものだといえよう。別の言い方をすれば、水のなかから蛇が立ち現われる、あるいは水の精霊が目に見える姿で現れたのがほかならぬ蛇である。蛇と水とのかかわりは根源的かつ相即不離の関係にあり、そのことをうかがわせる民俗儀礼もある。

九州地方の民俗儀礼に詳しい小野重朗氏によると、鹿児島県揖宿《いぶすき》郡山川町成川では旧暦の五月一六日にトキノツナ（斎の綱）と呼ばれる行事が行われる。トキノツナとは藁でこしらえた綱のことで、これを龍蛇に見立て、子供組の男子が担いで村中を練り歩き、疫病や災厄を追い払うのである。とくに興味深いのは、トキノツナの作り方である。子供たちは裸で川に入り、水のなかで藁をない合わせて大綱をつくり、完成すると水中から担ぎ出してくる。小野氏によれば、この綱は「水の中から出現した水神の竜」ではないかという（「呪術と民俗儀礼」）。水神の本体は蛇体であるから、これは水面から龍蛇が立ち現われるのを擬しているのだろう。わざわざ川のなかに入って龍蛇に見立てた大綱をつくる点に注目すれば、この儀礼にも、蛇と水との深いかかわりをみることができる。

サラと渦巻き

水は流動的で形が定まらず、どんなところでも流れていく。蛇も同様で、小さな隙間さえあれば、どこにでも入り込むことができる。これもまた蛇と水に共通する性質であり、川村二郎氏もこの点に着目して、蛇のことを「無定型で、受け入れるだけの空間があればどこにでも侵入して行く水の特性を、そのままなぞって形作られたかのような生物」だとしている（『白山の水』、一〇六頁）。水の性質と蛇の性質は相通じるものがあり、「ヘビのくねる姿は波立つ水面を表す」といわれるのも、その意味でも納得がいく。蛇は水面にできるさざ波を形象化したものであり、いってみれば、水という流動体が一瞬のうちに凝固してできたのが蛇だといえよう。

水面にできるさざ波を形象化したのが蛇だとすると、らせん状の水の流れである渦巻きも蛇と無関係ではなく、蛇がとぐろを巻いた姿を渦巻きにみることができるだろう。水面にできる渦巻きと蛇との密接な関係は、長野県戸隠地方の龍蛇伝説でもふれたが、ここでは別の角度から検討してみることにしよう。

蛇がとぐろを巻いた状態を「うず」(渦)と呼んでいる地方がある。石川県では、「ヘビガウズマイトル」といえば、蛇がとぐろを巻いていることを意味する。新潟県でも蛇が丸くなったことを「ヘビガウズマイタ」といい、兵庫県でも同じような言い方をする(『現代日本語方言大辞典』1、五八一頁)。このように、蛇がとぐろを巻いた姿と渦巻きとの関係は言葉の上からも裏付けることができる。

前述したように、淵にはよく渦巻きが発生する。渦巻きは水神の本体である龍蛇のシンボルであり、そのことから淵の渦巻きを水神のご神体とする例もある。たとえば野本寛一氏が紹介する福井県の鵜の瀬の龍神などはその典型といえる。福井県小浜市白石には若狭彦神社神宮寺があり、そこから二キロほど離れた遠敷川上流に「鵜の瀬」の斎場がある。対岸の崖には龍神が祀られ、崖の下には清らかな水をたたえた淵があり、毎年三月二日、奈良東大寺の「御水取り」に先立って、「御水送り」の祭りがこの水辺で行われる。崖の根元の突出した部分の流れに渦巻きができていて、その下の穴が東大寺の若狭井に通じると語り伝えている。そして渦の上の崖には太い注連縄が張られていたという(『神々の風景』、六六頁)。鵜の瀬の龍神は淵にできる渦巻きがご神体とされているのである。水神の本体は蛇体であるから、これは淵の渦巻きを蛇体とみなすと同時に、信仰の世界にまで高められた例である。

先ほども述べたように、蛇がとぐろを巻いた状態を「うず」ともいうが、これを「サラ」と呼んでいる地方がある。富山県射水市伏木あたりでは「蛇がさらになる」といい、福岡県小倉でも「さらを巻く」といっている。石川県では、蛇がとぐろを巻くと、「サラマイトル」などという。また蛇とは関係なく、頭の髪の渦、つむじをサラという場合もある（『日本方言大辞典』上、一〇一八頁）蛇がとぐろを巻くことをサラといい、その一方では渦もまたサラというのは注目に値する。ここにも蛇と渦が結びつく機縁があるように思われる。

サラといえば、河童の頭には水をたたえた皿が載っている。皿の水がこぼれると、河童はたちまち力を失ってしまうともいわれる。河童の頭には皿がつきもので、私たちはそう信じて疑わない。しかしあらためて考えてみると、いくら架空の動物とはいえ、おかっぱ頭に皿をのせた河童の姿はいささか珍妙で不自然といわざるをえない。たぶん頭上のサラは皿ではなく、もとは渦巻きであったのだろう。サラはサラでも渦巻きのサラで、渦をサラといっている地方があるのは、その消息を伝えるものではないだろうか。

河童の頭上のサラ

サラが渦巻きを意味することは、言葉や方言だけでなく絵画によっても裏付けることができる。幕末に活躍した絵師狩野一信《かのうかずのぶ》（一八一五〜六三）の代表作に「五百羅漢図」がある。これは全百幅という壮大な仏画で、そのうちの第一四幅「六道鬼趣」の右図には数匹の河童の姿が見える。特筆すべきは、河童の頭上に皿はなく、そのかわりに渦巻きが描かれていることで、これは河童のサラがもとは渦巻きであった可能性を示唆しているように思われる。少なくとも幕末までは、河童の頭上のサラは皿ではなく渦巻きであったらしい。渦巻きのサラと皿は音が同じであることから、のちに誤解されて皿になったのであろう。こうして頭の上に皿を載せた河童のイメージができあがる。今日、私たちが目にする河童の図の多くはこのイメージにもとづいている。あらためていえば、これは渦を意味するサラを皿と誤解したことによるもので、本来の河童の姿をいささかゆがめているようである。狩野一信が描いたように、河童の頭上にはもともと渦巻きがあったのだろう。

では、この渦巻きは何を意味しているのだろうか。頭の上の渦巻きといえば、まず目に浮かんでくるのは「つむじ」であり、それ以外には考えにくい。だがつむじにしては少し大きすぎるようである。つむじでないとすると、この渦巻きの正体は何だろうか。

結論を先取りした物言いをすれば、この渦巻きは、実は河童の本質にかかわる重要な問題をはらんでいる。河童は淵に棲み、「河童駒引き」の伝承が語るように、河童は人や牛馬を淵に引き込むとされる。その一方では、淵から出てきた河童が農作業を手伝ってくれたなどという言い伝えもあり、いずれにしても河童は淵と深いかかわりがある。柳田国男が河童を水神たる小さ子の零落した姿とみていたことはよく知られている。河童はサラの水がこぼれると、たちまち力を失ってしまうが、これと同じことは竜についてもいえる。竜は雷神の本体であり、雷神は雨をつかさどることから水神とは同族関係にある。したがって竜と河童は同類である。「龍は尺水なければ天に昇るあたわず」(南方熊楠『十二支考』1、一四三頁)といわれるが、逆にいえば、ほんの少量の水さえあれば竜は天に昇ることができるし、水は竜にとって神通力の源である。

河童や竜に関しては説話や伝説も多く、頭のサラに少量の水を受けて力を回復する河童の話があれば、一滴の水を受けて神通力を回復する竜の話もある。

まずは竜の話。『今昔物語集』巻二十第十一には「竜王天狗の為に取らるる語」と題した説話が収められている。讃岐国万能の池に棲む竜が比良山の天狗にさらわれて洞窟に幽閉される。そこに一人の僧が拉致されて連れてこられる。竜は僧が持っていた水瓶の中の一滴の水で神通力を回復し、僧を背中にのせ洞窟を脱出し、後日、天狗を蹴殺して復讐する。

似たような説話は同じ『今昔物語集』巻第十二第一話にもある。雷神が寺に落ちて十五、六歳の童になり、聖人に捕らえられる。寺は水の便が悪く、遠くの谷まで下りていかなければ水を汲むことができない。聖人は寺に水を引いてくれるなら雷を解放するというと、雷は約束を守るといったので、聖人は許してやった。すると、其《そ》ノ時《とき》ニ、雷《いかづち》、掌《たなごころ》ノ中《なか》ニ瓶《かめ》ノ水《みづ》ヲ一滴《いってい》受《うけ》テ、指《および》ヲ以《もつ》テ巖《いはほ》ノ上《うへ》ヲ摑《つかみ》穿《うがち》テ大《おほ》キニ動《うごか》シテ、空《そら》ニ飛《と》ビ昇《のぼり》ヌ。其《そ》ノ時《とき》、彼《か》ノ巖《いはほ》ノ穴《あな》ヨリ清《きよ》キ水《みづ》涌《わ》キ出《い》ヅ。

とあり、その時、雷は手のひらに瓶の水を一滴受け、指で岩の上をつかみ、穴を開けるやいなや、轟音とともに昇天した。それと同時に岩の穴から清水が湧き出したという。

二つの説話に共通しているのは、竜や雷神がわずかな水で生命力を回復することである。雷神は水神とは同類であり、その本体は龍蛇である。洞窟に幽閉された竜が一滴の水で神通力を回復したり、手のひらに一滴の水を受けて昇天したりするのは、河童が頭のサラに水を得て強力《ごうりき》を発揮するのと似ている。河童は竜と同じく水神、もしくはその化身であり、水に縁が深いことから、少量の水さえあればまさに水を得た魚のごとく生命力を回復し、思うままに怪力を発揮することができる。河童のサラの水を竜の神通力の名残とみれば、これもまた河童を竜の末裔、つまりは水神の零落した姿とする論拠の一つになるだろう。

河童が水神の末裔であり、その零落した姿であることは、地方に残る河童の方言からも裏付けることができる。たとえば加賀や能登では河童のことを別名ミヅシといい、津軽地方ではメドチと呼んでいる。山陰地方でもミヅチからミヅシに変化したらしい。『和名抄』は水神の和名を「美豆知」とし、ミヅチとよませている。ミヅシ、メドチは明らかにミヅチの転訛で、柳田国男がいうように、河童はもともと水神であったようである。あるいは水神がこの世に示現するときの仮の姿を河童という架空の動物にみたのかもしれない。

淵と河童

水神や雷神がこの世に示現するときはしばしば龍蛇の姿をとるけれども、ときには少童の姿に身をやつして現れることもある。いま紹介した『今昔物語集』巻第十二第一話でも、雷神は十五、六歳の童になって落ちてきたし、すでにみたように、道場法師の説話では、雷が農夫の前に落ちてきて、小さな子供の姿になったことが語られていた。そして農夫は雷を助けたお礼に雷神の申し子を授かることになる。この雷神の申し子というのが異様な風貌で、頭には蛇が二巻きまきついていて、頭としっぽが後頭部に垂れさがっていた。要するに雷神から授かった子供は、頭に蛇がとぐろを巻いた状態で生まれてきたのである。この異様な風貌と、先ほどふれた狩野一信が描く河童の図を比較してみると、どこか似ているようである。河童の頭には渦巻きが描かれていたが、かりにこの渦巻きを蛇のとぐろ、あるいはその記号化とみれば、雷神の申し子である子供と河童はかなり近い間柄にあることがわかるだろう。雷神は雨をつかさどることから水神とは同類とされ、したがって雷神の申し子も水神の申し子も出自は同じである。

道場法師の話とは別に、竜宮童子の昔話にも子供が登場する。竜宮童子は竜宮から派遣された子供で、幸運や福徳をもたらしてくれる福神である。この昔話については前にもふれたが、熊本県玉名市に伝わる竜宮童子の昔話では子供は「鼻たれ小僧さま」といい、その名のごとく洟やよだれを垂らした醜い顔とされている。いずれにしても竜宮童子は醜い子供であることにかわりはなく、この醜い子供と河童の異様な風貌とはどこかで通底しているのではあるまいか。淵は水界への参入口であり、子供も淵を通い路にしてこの世と水界を往来する。河童もまた淵を棲みかにしている。子供が歩いた跡は濡れていたなどという伝承を耳にするにつけ、子供と河童は同一ではないかとも思われる。語源的にいっても、河童はカワワラワ→カワワッパ→カワッパ→カッパ、つまり川辺や淵に出没する少童という意味のカワワラワが変じたもので、少童と水陸両生の河童との強いつながりを示している。水辺や淵に現れるカワワラワが水神の化身であることは断るまでもないことで、河童と少童はもとをたどれば同じであったと考えられる。河童は淵を棲みかにすることが多く、また淵にはよく渦巻きが発生する。このことから淵の渦巻きを河童と結びつけて考えるようにもなる。柳田国男が『神樹篇』で紹介する次の伝承なども、河童と渦巻きとの関係を語った話である。

昔利根川にはネココと云ふ河伯（河童？）が住んで居た。其居所が年々にかはるのを、土地の者はいつでもちゃんと知って居た。即ちその居る場処には水が渦を巻き、又川筋の岸の柳の大水に流れたものが、其岸に漂着して根を生じて茂るからであった

（『定本柳田國男集』第十一巻、一〇九頁）

河伯は水神のことで、水神（河童）のいるところには渦巻きが発生する。渦巻きの位置が年ごとに変わるのを土地の人は見逃さなかった。河童と渦巻きとののっぴきならない関係を伝える話である。淵にできる渦巻きは河童の存在を知らせる格好の目印であって、ここに淵の渦巻きと河童の頭上のサラとが結びつく機縁があったように思われる。河童の頭上の渦巻きは淵にできる渦巻きのシンボル、もしくは記号化ではないだろうか。

淵の渦巻きの象徴的な意味

河童と渦巻きの話に関連していえば、若尾五雄氏が『河童の荒魂』のなかで興味深い指摘をしている。それによると、「河童とは、実は、この淵に巻く渦そのものを云うのではあるまいか」という（九頁）。一読しただけでは文章に飛躍があってわかりにくいかもしれないが、これは河童と淵にできる渦巻きが密接な関係にあることを検討したうえ

での若尾氏なりの結論であって、私は一理ある説だと考えている。

淵と渦巻きの関係についてあらためて述べると、淵には渦を巻く現象がよくみられる。水神の本体は龍蛇であり、淵の渦巻きは蛇がとぐろを巻いたり、竜が出現したりするときの姿を連想させる。このことから淵には水神が棲むと信じられ、渦巻きそのものを水神のご神体としたり、水神のシンボルとみなしたりするようになった。やがて水神の地位が低下すると、もともと龍蛇という勇壮な姿でイメージされた水神も河童という零落した姿でイメージされるようになる。河童は水神のなれのはてであり、かろうじて頭上の渦巻きにその痕跡を残すことになった。少なくとも狩野一信が活躍した幕末までは、河童の頭上には渦巻きがあるという認識が共有されていたらしい。渦巻きは水神のシンボルであり、したがって若尾氏が河童を淵の渦巻きそのものとみなすのもそれなりの根拠がある。

さりながら、淵の渦巻きにはそれ以外にも多様な意味があるのも事実で、すでにふれたように、竜宮童子の昔話では、淵の底には水界があり、淵の渦巻きはその目印でもあった。爺が刈り取った柴を淵の渦巻きに投げ込むと、柴はくるくると回りながら淵の底に沈んでいく。これは水の中にできたトンネル状の穴に柴が吸い込まれていくようなイメージである。トンネル状の穴を通してこの世と水界がつながっている構図であり、淵の渦巻きは二つの世界を結ぶ一種の回路のように考えられていたふしがある。

逆に水をかき回して人為的に渦巻きを発生させることも行われた。この渦巻きによって現世と水界との間に回路が開かれ、この回路が水界の主である水神との交渉の窓口になる。たとえば雨乞いの儀礼などでは、実際に淵、池、沼、滝壺などの水をかき回して水神や竜神に雨を祈願する呪術が行われた。人為的に渦巻きを発生させることで、そこに回路が開かれ、人間の願いが神にとどけられると考えられたのである。

同じような呪術はヨーロッパにもみられる。イヴォンヌ・ヴェルディエによると、「ゲッセとはすなわち、水面に輪を描くことによって、そこに棲む妖精なりへびなりと語ることである」。この空想上の女性の生きものは、妖精や蛇のほかに「白い婦人」「夜の洗濯女」とも呼ばれているという（『女のフィジオロジー』、一四〇頁）。空想上の女性の生きものとは、日本でいえばさしづめ水神に相当する。水面に輪を描くこと、つまり水をかき回して渦巻きを発生させることは、人間が水神と交渉をもつための手続きにほかならない。

このように淵の渦巻きには、水神のシンボルのほかに、水界の目印、水界への参入口、水神との交渉の窓口など、さまざまな意味があって、これらをひっくるめて河童で代表させるには少し荷が重すぎるようである。私は若尾氏の説を尊重しつつも、淵の渦巻きについては、漠然とした物言いを承知のうえでいえば、水界にかかわる多様な意味の複合体とでも呼んでみたい気がする。

蛇と渦巻きの話をしていたつもりが、いつのまにか渦巻きと淵の関係にまで話が拡大し、いささか風呂敷を広げすぎたようだが、逆にいえば、蛇と水にかかわる問題の射程範囲がそれだけ広いことを物語っているのだろう。

さて、小さな隙間さえあれば、どこにでも入り込むことができるというのが蛇と水に共通する性質である。鉤穴も小さな隙間である。すでにふれた『古事記』崇神天皇にある三輪山伝説では、大物主神は家の戸の鉤穴を通り抜けて屋内に侵入し、イクタマヨリビメのもとに通っていた。大物主神は蛇体であり、蛇体は変幻自在で大蛇になったり小蛇になったり、必要に応じて自在に体の大きさを変えることができる。蛇体の大物主神は戸の鉤穴を通り抜けるときは小蛇に変身していたのである。やがてヒメは身重になり、夫もいないのに不審に思った両親は、相手の素性を知るために着物の裾に麻糸を通した針を刺しておくようにいう。翌朝、麻糸の跡をたどっていくと、家の鉤穴を通り抜けて三輪山の社まで続いていた。

水の隠喩

第二章でもふれたように、三輪山伝説を昔話に仕立てたのが「蛇婿入」である。福井県遠敷郡に伝わる話では、娘のところに毎晩、節穴から男が入ってきて泊っていく。親が見ると蛇である。そこで節穴に針を刺しておくと、蛇は帰るとき針に刺さり、道には血の跡が点々とついている。その跡をたどっていくと、山の奥の洞穴にたどり着く。洞穴の中から蛇の親子の会話が聞こえてくる。「娘に子種を宿した」と蛇の息子がいう。ここでは鉤穴ではなく節穴から男が侵入してくる。節穴を通り抜けるのはやはり小蛇である。鉤穴といい、節穴といい、小蛇が通り抜けるにはふさわしい隙間である。

三輪山伝説では、翌朝に見ると一本の糸筋が鉤穴を通り抜けて三輪山の社につながっている。この糸筋について西郷信綱氏が興味深い見解を示している。「ミワといえば私たちはすぐに三輪山に思い及ぶけれども、ここでは山と水は一体である」。そして衣の裾に刺した針の糸をたどってゆくと三輪山の社に止まっていたとあるのは、「実は縷《いとすじ》のごとき河の流れを象徴している」と考えるべきだという（『古事記注釈』第三巻、一九一頁）。

水を集めて流れるのが川である。西郷氏がいうように、鉤穴を通り抜けて三輪山の社まで続く一本の糸筋（縷）が川の流れの象徴だとすると、鉤穴を通り抜けて屋内に侵入したのは蛇ならぬ水であるともいえよう。蛇の代わりに水と言い換えても何ら不自然さは感じられないし、小さな隙間さえあればどこにでも侵入するという蛇と水に共通する性質はここでも生きている。戸の鉤穴を通り抜けるのは蛇であると同時に水といってもよく、そう考えると、この伝説そのものが豊かなイメージの広がりを感じさせる。

これにつけても、私は『万葉集』巻十四に収められた相聞歌を思い出さずにはいられない。やや唐突の感をまぬがれないが、この相聞歌にも三輪山伝説や「蛇婿入」の昔話に共通するモチーフが隠されているようである。

妹が寝《ぬ》る　床《とこ》のあたりに　岩ぐくる　水にもがもよ　入りて寝《ね》まくも

（巻十四―三五五四）

妹が寝ている床のあたりに、岩間をくぐる水になって、もぐりこんで寝たいものだという。「岩ぐくる」水とは、岩と岩の間をもぐる水という意味である。

これは女に熱い思いを寄せる男の片思いの歌だろうか。妹の家の前に一人の男がたたずんでいる。家の戸は固く閉ざされ、妹への思いは募るばかりである。岩間をくぐる水になれば、どんな小さな隙間でも入り込むことができるし、いとしい恋人の床辺にも侵入することができる。単刀直入にいえば、水になって妹と寝たい、思いをとげたいというのが歌の真意であろう。

この場合の水にはどうやら精液という隠れた意味があるようで、岩間をくぐる水は精液の隠喩とみることができる。そしてこの水を蛇に置き換えてみれば、三輪山伝説との関連も示唆されている。水と蛇との深いかかわりからすれば、家の戸の小さな鉤穴から侵入した蛇は水でもあり、するとこの相聞歌には、三輪山伝説と同じモチーフが隠されていることに気づくはずである。

水はたんなる物質ではなく、神話的には水は精液でもあり、前述したように、原初神話では、地上に降り注ぐ雨は母なる大地を孕ませる天なる父の精液とみなされる。この伝統は『ギリシア神話』にも受け継がれていて、その典型的な例をダナエの説話にみることができる。ダナエの父親アクリシオスは将来、娘が身ごもった子に殺されるという神託を受け、ダナエを塔のなかに閉じ込めて誰にも会えないようにした。ところがゼウスは雷神で雨をつかさどる神だから、みずから黄金色のにわか雨になって塔のなかに忍び込み、彼女を妊娠させてしまった。雨水は小さな隙間さえあればどこにでも入り込むことができる。ゼウスは黄金色の雨になって塔の屋根に降り注ぎ、その隙間から屋内に侵入し、ダナエの膝に流れ落ちたのである。ここでいう黄金色の雨は精液の隠喩であり、ゼウスはみずから雨(=精液)に変じてダナエと交わったのである。

元型的なイメージに還元すれば、水と精液は同格であり、そう考えると、先に引用した『万葉集』の相聞歌とダナエの説話との共通点が浮かび上がってくる。男は岩間をくぐる水になって妹の床辺に侵入したいと思う。一方の雷神ゼウスは黄金色のにわか雨になって塔のなかに侵入した。雨や水になれば、小さな隙間から室内に忍び込むことができる。さらに水と蛇とのぬきさしならぬ関係からいえば、小蛇に変じて鉤穴から屋内に侵入した三輪山伝説の大物主神もこれに加えなければならない。舞台設定や背景などは同日の談でないものの、水や雨や蛇が室内に侵入するという話に限定すれば、モチーフとしては同じであることがわかるだろう。

よしんば蛇を水に、逆に水を蛇に置き換えてみても物語に大きな破綻が生じることはないであろう。それだけ蛇と水の間には親和性があり、両者が元型的には同じイメージをあらわしていることを示している。

竹の両性具有的な性質

蛇は自在にその姿形を変えることができる。移動するときは体をくねらせ、休息するときはとぐろを巻き、そして威嚇するときは頭をもたげて硬直する。水が無形態で形にとらわれないのと同様に、蛇もまた変幻自在にさまざまな形をとることができる。その変幻自在なイメージから明らかなように、蛇も水と同じく両性具有的である。蛇が頭をもたげて硬直した姿は、とりわけ男性的なイメージをかきたてるし、逆にとぐろを巻いた姿は、その形からして、囲み、包み込み、抱きかかえるという母なるもののイメージが支配的である。蛇がとぐろを巻き、丸くなった姿はまどろんだ状態であり、心理学的には無意識を象徴する。そしてとぐろを巻いた蛇が鎌首をもたげた姿はその中間的な段階であり、意識の目覚めをあらわしている。種村季弘氏の言葉を借りると、「とぐろを巻いてまどろんでいた蛇は、鎌首を擡げるように、やがて上方の意識に向って起き上がる」（『悪魔禮拝』、五三頁）。とぐろを巻き、まどろんでいた蛇が鎌首をもたげるとき、それは無意識からの目覚めである。

無意識から目覚めた蛇の姿はとりわけ男性的なイメージを強く帯びている。フロイトがいうように、「もっとも重要な男根の象徴は蛇」である（『フロイト著作集』第二巻、二九五頁）。蛇と男根は同じイメージの連合で結ばれ、さらにこれに竹を加えることもできるだろう。竹もまた蛇とともに元型的には同じイメージをあらわしていて、とくに両性具有的という意味でも竹と蛇はよく似ている。蛇はその姿態が変幻自在であることから、ときには男性的であったり女性的であったりする。

だが竹の場合は少し事情が違っていて、その形状はまぎれもなく男性的である。竹は空に向って節目正しくまっすぐに伸びていくし、その成長力も著しく、旺盛な生命力は男性的なイメージをかきたてる。同じことは竹に成長する前の筍についてもいえる。むしろその形状からすれば、筍こそ即物的な意味で男根のシンボルと呼ぶのがふさわしいだろう。そのことを具体的に語ったのがいわゆる「篁竹林出生譚」で、小野篁《おののたかむら》は母親が竹林で筍と交わって生まれたという広く喧伝された伝説である。

筍が成長して竹になると、その形状は蛇に似てくる。竹は蛇を連想させることから、説話や伝説の世界では竹が蛇に変身する話が語られる。たとえば中国の志怪小説集『異苑』には「竹と蛇と雉」と題した説話が収められている。晋の太元のころ、汝南（河南省）の人が山に入って竹を伐っていると、なかば蛇に変身しかけた竹を見つけた。上の方は枝葉をつけた竹だが、なかほどから下がすでに蛇の姿になっていた（『六朝・唐・宗小説選』、四五頁）。これは半分ほどが蛇になりかけた竹の話である。どこからが蛇で、どこからが竹か見分けがつかないほど蛇と竹はよく似ている。河野貴美子氏の指摘によると、中国では青ハブは「青竹蛇」とも「竹葉青」ともいわれるそうで（『日本霊異記と中国の伝承』、六〇頁)、これも竹が蛇を連想させるからであって、両者がきわめて近い間柄にあることは「青竹蛇」「竹葉青」という言葉によくあらわれている。

竹から蛇を連想するのは普遍的で、両者が同じ元型的なイメージのあらわれであることを示している。日本でも事情は同じである。京都の洛北にある鞍馬寺では毎年六月二十日に「竹伐《たけき》り会式《えしき》」が行われる。長さ四メートルの青竹を大蛇に見立て、鞍馬の法師が山刀でこれを伐るのである。ここでも竹と蛇との深いかかわりをみることができる。バシュラールによれば、蛇は「イマージュの秩序の中では、植物界と動物界をつなぐもの」とされる(『大地と休息の夢想』、二六三頁)。蛇はかぎりなく植物に近い動物ということができる。

この言説をなぞっていえば、竹は「植物界と動物界をつなぐもの」ともいえよう。これは竹の外見からくるイメージにもとづいていることはいうまでもない。竹が蛇に変身する説話にしても、青竹を大蛇に見立てた竹伐り会式にしても同様で、竹と蛇は外見が似ていることから元型的には同じイメージに属しているのである。

しかし竹と蛇が似ているのはそれだけにとどまらない。両性具有的という意味でも竹と蛇は相通じる面がある。これまで述べてきたのは竹の両性具有的な性質の男性的な側面であり、一方の竹の女性的な側面は外見よりもむしろ中身にある。竹の節《よ》は中空であるから一種の容器とみることができる。容器は母胎の象徴であり、竹は外見とは裏腹に中身は女性的である。竹の女性的な側面、つまり容器としての竹は古くから生活用具にも利用されてきた。水筒、花入れをはじめ、尾籠なところでは、尿筒《しとづつ》といって携帯用の小便器としても使われた。

竹の両性具有的な性質は外見と中身の違い、つまり節が中空という他の植物にはみられない稀有な特性に由来するわけで、ここに竹にまつわる説話や伝説が生まれる背景がある。竹の中から生まれた「かぐや姫」をはじめ、「竹の子童子」や「竹姫」などの昔話も竹の節を母胎として生まれる話であり、竹の両性具有的な性質のうち女性的な側面が如実にあらわれた物語ということができる。

竹と蛇

竹の中から人間が誕生する話は東南アジア、中国、朝鮮半島にかけて広く分布し、なかでも『後漢書』南蛮伝にみえる野郎国の始祖神話はよく知られている。「野郎は、初め女子ありて遯水に浣す、三節の大竹あり流れて足間に入る。其の中に号声あるを聞き、竹を剖きて之を見るに一男児を得たり。帰りて之を養ふ」（『三品彰英論文集』第三巻、四〇二頁）。女性が沐浴していると、脚の間に三節の大竹が入り、竹のなかから泣き声がするので、割ってみると男の子が入っていたという。この男の子がのちに野郎国の始祖となる。

野郎族は二千年ほど前に中国の西南部に定着した原住民で、竹から生まれた男子を祖先とし、そのことから竹姓を名乗ったといわれる。興味深いのは、この神話では竹の両性具有的な性質がたくみに物語のなかに織り込まれていることである。沐浴している女性の脚の間に入る三節の大竹は男性のシンボルをあらわしている。その同じ竹の中に男の子が入っていたのは母胎としての竹であるから、こちらは女性のシンボルをあらわしている。男性のシンボルと女性のシンボルが干渉しあうことなく一本の竹にみごとに融合され、物語としても不自然さは感じられない。

これは竹から人間が生まれる話だが、台湾南部に住むパイワン族には竹と蛇にまつわる人類創世神話が伝わっている。松本信広氏によれば、パリヂャリヂャオ蕃の伝説では、ピューマ社のピナバオカサンというところにある一本の竹から霊蛇が現われ、化身して男女となり、二人の子を生んだとされる（『東亜民俗文化論攷』、一七二頁）。

まず竹の中から蛇が生まれ、その蛇が化身して人間になるという二段構えの構造になっている点にこの伝説の特徴がある。竹と蛇は同じ元型的なイメージのあらわれだから、結局のところ、竹から人間が生まれるのも、蛇から人間が生まれるのも同じことである。すでに述べたように、死後、私たちの魂はあの世で蛇に生まれ変わる。そしてふたたびこの世に戻り、人間として再生する。人の誕生は蛇から人への転生であり、逆に死は人から蛇への転生である。蛇から人間が生まれる話にしても、竹から人間が生まれる話にしても、要は人間の魂が蛇であることを語っているのであろう。とくに東南アジアから中国、朝鮮半島にかけて伝わる始祖神話にはその傾向が強くみられるようである。

次に引く説話も蛇と竹のかかわりを説く一例である。「陳絢という人は縣令であったが、縣の役所の垣は竹で編んだものであった。そのうち泥が落ち竹がむきだしになった。婢が燭をとって照らすと、竹の節の中に何物かが蟠っている。それは鮮やかな小蛇であった」。これは『太平広記』に引用されたという『北夢蓑瑣言』所収の説話である（河野貴美子、前掲書、五九頁）。

先ほど紹介した野郎国の始祖神話では、三節の大竹が水とともに流れてくる。蛇と水が密接な関係にあることは再三述べたが、同じことは竹と水の関係についてもいえる。竹もまた水と深いかかわりがある。一例をあげると、平安末期の左大臣藤原頼長の日記『台記』には、康治元（一一四二）年の近衛天皇の大嘗祭の次第を記した「中臣寿詞」という別記があって、そこには筍の下から水が湧き出す話があり、この水こそ天孫の用いる聖なる水であることが述べられている。これについては岡田精司氏が論考「大王と井水の祭儀」のなかで言及しているので、一部を引用させていただくことにしよう。

この玉櫛を刺し立てて、夕日より朝日の照るに至るまで、天の詔《のり》との太詔と言をもちて告《の》れ。かく告らば、まちは弱韮《わかひる》にゆつ五百篁《いほたかむら》生ひ出でむ。その下より天の八井《やゐ》出む。こを持ちて天つ水と聞こしめせ。

（『講座日本の古代信仰』第三巻、一九六～七頁）

岡田氏の説明では、天孫の用いる聖水は、天忍雲根神《あめのおしくもね》が天上から授かった天の玉櫛（現在も神事で用いるサカキの枝の玉串の類であろう)を大地に刺し立てて、一晩中祈祷すると、たくさんの筍が生え、その下から湧き出した水だという。おびただしい数の筍が生えるとともに、その下から水が湧き出す。これは竹の地下茎がそれだけ豊富な水を貯えているからで、竹と水との密接な関係を語った話である。

かつて大地の底には満々たる水をたたえた水界が広がっていて、水はそこから地下水脈を通って地上に運ばれると考えられた。とくに竹は地下茎が大地に網の目のように張りめぐらされていることから、地下水脈に通じているとみられていたのだろう。筍にかぎらず若竹を伐ってみると、水分をたっぷりと含んでいるのがわかるし、筍の下から水が湧き出すのも、地下茎が水脈を探り当てて、そこから水を引いてくると信じられたにちがいない。

このように竹と水とのかかわりは濃厚で、その関係は、蛇と水の関係にも匹敵する。水を仲介にして竹と蛇が結びつくし、竹と蛇が元型的には同じイメージをあらわしていることを考えると、ここに「蛇―水―竹」というイメージの連合が成り立つ。したがって蛇を始祖とする神話も、竹を始祖とする神話も、根は同じであることがわかるだろう。人間の始祖を蛇とする神話が語るように、私たちは蛇から生まれたとされる。これも蛇が魂の最古の形であったからで、魂のふるさとともいうべき他界は蛇が安住する世界でもあり、そのことがあらためて確認できるのである。

第五章　水の女――ふたたび水について

水にまつわる儀礼

すでにみたように、野郎国の始祖神話では三節の大竹が水とともに流れてくる。竹の中から泣き声がするので、割ってみると男の子が入っていた。断るまでもなく、竹は他界から流れてきたのであり、そして当初、竹の中に入っていたのは魂であったのだろう。他界は魂のふるさとであり、竹の中に入っていたのも魂であって、その竹が川を漂流しているうちに、その中にこもっていた魂が充実して男の子に成長したと考えられる。

竹を桃に置き換えると、これは日本の「桃太郎」の昔話になる。お婆さんが川へ洗濯に行くと、そこに桃が流れてくる。お婆さんは桃を拾い上げて家に持ち帰り、戸棚の中にしまっておく。そして何日かして取り出してみると、桃が割れて桃太郎が誕生した。これも正確にいえば、桃の中に入っていたのは桃太郎自身ではなく、その魂（＝桃の精）とみるべきで、魂が桃の中にこもっているうちに充実して桃太郎として誕生するのである。

「桃太郎」と同類の話に瓜から生まれた「瓜子姫」の昔話がある。瓜も容器であり、瓜子姫の魂が瓜という容器の中にこもっていると、じきに魂が充実して瓜子姫としてこの世に再生する。

竹も桃も瓜も一種の容器であり、魂は容器の中にこもった状態で川を漂流しながらこの世にやってくる。本来なら他界からやってきた魂は人間の母胎に宿ってこの世に再生するわけだが、野郎国の始祖神話、それに「桃太郎」や「瓜子姫」の昔話では、魂は母胎ではなく竹や桃や瓜という容器の中に宿り、月が満ちてこの世に再生をはたすのである。

これは異常出生譚の一種で、竹の節、桃や瓜は母胎の象徴である。英雄は通常のようには生まれない。人間の母胎ではなく、その象徴ともいうべき容器の中から生まれる話が多いのはそのためである。

日本人の古い記憶では、現世と他界の間は水域によって隔てられていて、赤子の魂は川を漂流しながらこの世にやってくる。そして最終的には水の中から取り上げられてこの世に再生する。それを再現したのが賀茂神社に伝わる御蔭《みあれ》祭である。これは天降りした天つ神を地上に迎える儀式で、具体的には、巫女が川の流れのなかに身を浸してカミを水中からすくい上げることで示される。これを儀礼化したのが貴人の御子の産湯の作法で、民間で行われている産湯の風習はその世俗化である。産湯の儀礼の原形はカミの御蔭にあり、その詳しい経緯については既刊（『木と水のいきものがたり』、雄山閣）で述べたので、参照していただければありがたい。

赤子の魂にかぎらず、死者の魂もまた水が媒介する。赤子の魂が川を流れてこの世にやって来るように、死者の魂も川を通い路にしてあの世へ帰っていく。魂は川を通い路にして現世と他界を往還しながら死と再生を繰り返しているのである。

水にまつわる儀礼という点では、出産儀礼よりもむしろ葬送儀礼の方が多いのではないかと思われる。いくつか具体例をあげながら、葬送儀礼における水の役割とその象徴的な意味について考えてみたい。

死体は棺に納められるけれども、棺はしばしば船にたとえられる。これも死者の魂が水域を越えてあの世へ旅立つと考えられたからで、棺を船にたとえるのは日本にかぎらない。中国の少数民族デュアン族の間でも棺には「船」という意味があり、これは「死者の霊魂が三途の川を渡るのに供するもの」だといわれる（伊藤清司監訳『中国少数民族の信仰と習俗』下巻、五一四頁）。デュアン族も現世と他界の間には三途の川があって、死者の魂はこの川を越えてあの世へ旅立つと考えているようである。棺に船という意味があるのはその消息を示すものといえよう。

葬送儀礼で最も重視されるのは死者の魂が三途の川を無事に渡ることであり、そのためにあらかじめさまざまな儀礼が行われる。たとえば遠野地方では、出棺の際、雨打際にオサ（梭）を渡しておく風習がある。雨打際は雨だれ落ちともいい、ここは境界とされた。屋根に雨樋をつけない昔の民家では、雨が降れば軒下は屋根から雨水がしたたり落ちて小さな川のようになる。とくにこの儀礼では雨だれ落ちが三途の川に見立てられる。一方のオサだが、これは機織りの付属具で、ヒ（杼）ともいい、たて糸の間によこ糸を通すのに使われる。かたちは流線型で、船に似ている。雨だれ落ちにオサを渡しておくのは、これを舟に見立て、三途の川を無事に渡るようにとの願いがこめられているようである。

ついでながら、オサには船のほかに竜のイメージもあったらしい。中国の説話集『異苑』巻一―十一によると、陶侃という人が釣りをしていると、水中から織梭が浮かび上がってきたので、これを家に持ち帰り壁に掛けておいたところ、しばらくして雷雨が起こり、梭は赤龍に変じて空へ去ったという。梭には船のイメージとともに、竜のイメージもあったようである。

また船を竜に見立てるのも一般的で、とくに東南アジアの各地には競艇、つまりボートレースの行事が盛大に行われる。岩田慶治氏の説明では、たとえばカンボジアの首都プノンペンで行われる水祭（送水節）では、細長いボートが竜に見立てられる。この行事は「水神である竜が天上から川に入り、川から天上に戻るという二元的な信仰の儀礼的表現」ではないかという（『岩田慶治著作集』第二巻、一八二頁）。

川を通い路にする魂

このように梭は船に、船は竜に見立てられる。要するに「梭―船―竜」というイメージの連合が成り立つわけで、これらはいずれも元型的には同じイメージをあらわしていると思われる。死者の魂は船に乗って三途の川を渡る。船は竜でもあるとすると、遠野地方の風習にあるように、オサを舟に見立てるのは、竜に見立てるのと同じであり、すると死者の魂は竜に導かれて三途の川を渡るともいえる。そして竜を広い意味で龍蛇とみれば、これはやがて死者の魂が他界で蛇に転生することを示唆しているようにも思える。

葬送儀礼の話に戻ると、遠野地方の風習では雨だれ落ちが三途の川に見立てられるが、同じことは高知県中土佐町の儀礼でもみられる。これは「願ばらい」と呼ばれ、出棺直後に行われる。武田明氏の説明では、「中土佐町の大坂では出棺の時に死者の羽織を逆さにしておき、棺が座敷を出て雨たれおちを通るときに身内の者が羽織を取り、『ガンバライガンバライ』と唱える。（中略）ガンバライの声を発することによって、死者の霊が再び家にもどってくるのを防ぐ一種のまじないではないか」という（『日本人の死霊観』、八六頁）。

いまもいったように、雨だれ落ちは境界であるから、ここを三途の川に見立て、いったんこの世とあの世の境界を通過すれば、死者の魂は戻ることができない。これは死者に引導を渡す、死者と縁を切るという意味合いがあったのだろう。死者の魂は三途の川という水域を越えると、この世とは無縁になる。魂を媒介するのは水であり、魂と水との深いかかわりはここにもみることができる。

海外に目を向けると、たとえばボルネオ島のカヤン川流域やメラウィ川下流のダヤク人の間では、人が重体に陥ると、呪医たちはその霊魂がはるか彼方、おそらく川の方に逃げ去ったと考えるのだという（フレイザー『金枝篇―呪術と宗教の研究』3、五四頁）。川の精霊、水の精霊が霊魂を運んでいく。霊魂は水に導かれて、最終的にはあの世へ運ばれると信じられたようである。

魂は水に導かれるとすると、葬送儀礼の一環として行われる魂呼びも古くは川辺で行われたのではないだろうか。魂呼びは死者の魂を呼びもどすことで、いよいよ臨終というとき、死者の魂は肉体から離脱しようとする。近親者は死者の魂を呼びもどそうと魂呼びの儀礼を行なう。一般的には屋根の上にのぼって大声で死者の名を呼んだりする。屋根はこの世とあの世の境界とされ、その声につられて魂がふたたび肉体に戻れば、死者を蘇生させることができると考えられたのである。地方によっては、つい最近まで葬送儀礼の一環として行われていた。

思うに、屋根にのぼって死者の名を呼ぶのは比較的新しい風習であって、魂と水との親和性を考えると、魂呼びもかつては川辺や水辺を中心にした儀礼であったのだろう。一例をあげると、和田正洲氏によれば、東京都西多摩郡あたりには「千垢離《せんごり》」と呼ばれる風習が伝わっている。「人が亡くなる直前に、川の流れのなかに枝のついたままの竹をたて、四方に縄を張り、その人の名を千回繰り返し呼ぶ」。これを千垢離といい、十人で呼べば十回となり、そのたびごとに紙の人形を流した。あの世に行きかけた魂を呼び戻そうとして川に向かって名を呼び、人形を流すのはいわゆる魂呼びの儀礼だという（『関東地方の水と木の民俗』、一四七頁）。

川に向かって名を呼ぶのは、魂が川を通い路にしているからで、水と魂との深いかかわりをみることができる。また井戸の底に向かって死者の名を叫ぶことも魂呼びの儀礼ではよくみられた。井戸の底は三途の川につながっているといわれ、これも魂が水に導かれることを考えれば納得がいく。

屋根にのぼって魂呼びをする背景には、いわゆる西方極楽浄土の信仰が考えられる。極楽浄土は西方浄土ともいわれ、この世から西方に十万億の仏土をへだてた彼方にあるという阿弥陀仏の浄土である。屋根の上は境界だから、西方浄土の入り口でもあり、屋根にのぼって死者の名を呼ぶのはそのためであろう。

魂呼びの儀礼とは関係ないが、『今昔物語集』巻第十九には、讃岐国の源太夫という男が樹上の二股のところに坐して往生する話がある。一般に樹木は地上と地下の接点に位置することから境界とされ、とくに二股の木はそのシンボルとみなされた。源太夫が二股の木にまたがって往生を遂げるのは、そこを境界、つまり西方浄土の入り口とみているのである。屋根の上から魂呼びをするのもこれと同じで、たぶんここを西方浄土の入り口に見立てているのだろう。

同じ魂呼びの儀礼でも、川に向かって名を呼ぶ風習には古い常世信仰の名残が感じられるようである。常世は海上はるか彼方に想定された他界であり、この世とは水域によって隔てられている。死者の魂は水によってあの世に運ばれていく。魂呼びをはじめ葬送儀礼にはしばしば水が用いられるのもおそらくそのためであろう。沖縄に残るマブイグミ（魂込め）の風習などをみるとそのことがよくわかる。

神霊の乗り物

沖縄では魂のことをマブイといい、マブイグミも魂呼びの儀礼の一種と考えられ、他界へ旅立とうとする魂を水中から救い出すための祈りである。とくに水が重視されていることに注目したい。沖縄の他界はニライカナイと呼ばれ、海底を突き抜けた彼方に想定されていることから、魂を導くのは海水である。マブイグミについては松居友氏の詳しい解説があるので、それを参考にすると、まずお椀に水を満たし、ススキの葉を浮かべる。お椀の水は海を、ススキの葉は舟を象徴している。この世とあの世を隔てるのが水である。魂は体から離れると海を抜けて、あの世へ向かおうとする。魂は水に引かれ、水におぼれ、水をくぐってあの世へ向かう性質がある。水に落ちた魂はそのままにしておくと、水におぼれたまま浮かばれない状態になるので、その魂を救うためには、水の中からふたたび水面上に引き上げなければならない。舟は水中におぼれそうになった魂を救い上げ、岸にたどり着かせる。岸にたどり着いた魂は、ぬれたススキの葉ごとその人の胸につけられ、これで魂が肉体に戻ることができるのだという（『沖縄の宇宙誌』、一二八〜九頁）。

また子供が失神したり病気になったりすると、マブイが抜けたといってやはりこれと同じような呪術をする。器に清水を満たし、これをマブヤーミツ（霊魂水）とかウンケーミズ（迎え水）といい、魂がこの水に導かれて戻ってくるという。この迎え水には霊魂が入っているから飲んではいけないとされる（島袋源七『山原の土俗』三三一頁、三七〇頁）。

この呪術は巫女の口寄せを思わせるし、口寄せ巫女が霊を呼ぶときにも水が用いられる。巫女の前には水を満たした大きな茶碗が置かれ、霊はこの水向けの水をたよりに降りてくると信じられている。この場合の水は霊を迎える水である。転じて、相手から話を引き出すように仕向けることを「水を向ける」という。うがった見方をすれば、ここでいう水には言霊《ことだま》を引き出すための誘い水という隠れた意味があるのではないだろうか。

この世とあの世の間は水域によって隔てられ、魂を導くのは水である。マブイグミの儀礼では、魂の乗り物はススキの葉であり、魂はススキの葉を舟にしてあの世へ旅立つ。死者の魂が無事にあの世へたどり着くことを祈って行われるようである。

このように魂や神霊は船を乗り物にしてこの世とあの世を往還すると考えられた。マブイグミの儀礼では魂はススキの葉を舟にするけれども、竹の葉もまた魂や神霊の乗り物であった。前にもふれたように、『日本霊異記』上巻第三が語る道場法師の説話では、竹の葉に乗って雷が昇天する話がある。一人の農夫が耕作田に水を引き入れていると、にわかに雷鳴がとどろき、雷が農夫の前に落ちてきて、小さな子供の姿になった。農夫が鉄の杖で雷を突こうとすると、雷は命乞いをする。助けてくれるお礼に子を授けるという。農夫はいわれるままに楠の水槽を作り、そこに水を入れ、竹の葉を浮かべて、雷が昇天するのを手伝ってやった。そして雷は農夫を遠ざけると、霧を巻き起こして、あたりを曇らせ、竹の葉を舟にして天に昇っていった。

雷神は水神の同族であり、それが小さな子供の姿に変じると竹の葉を乗り物にして昇天する。鎌田東二氏の指摘によると、『八幡愚童訓』や『扶桑略記』の八幡神の縁起には、異形の姿をした鍛冶翁が三歳の小児に姿を変え、竹の葉の上に乗って神主大神比義の前に出現した。「竹の葉とは天神や水神など幼童形の神霊の乗り物である」という（『翁童論』、二九頁）。竹の葉はとくに神霊が童子に身をやつしてこの世に示現するときの乗り物であり、依り代である。

天界であれ、海上はるか彼方の他界であれ、現世と他界の間は水域によって隔てられている。水域を航行する乗り物は船である。神話の世界でいえば、スクナビコナノカミが常世から波の穂に乗って渡ってくるときの乗り物は天の羅摩船であった。『古事記』からその部分を引いてみる。

波の穂《ほ》より天《あめ》の羅摩船《かかみぶね》に乗りて、鵝の皮を内剥《うつはぎ》ぎに剥《は》ぎて衣服《きもの》に爲《し》て、歸《よ》り來《く》る神有りき。

スクナビコナノカミはその名のごとく稲種や粟粒など穀霊を人格化した小さな神である。天の羅摩船の「天」は美称で、「羅摩」は多年生植物のガガイモの古名。その実は細長く、割ると舟の形になることから、スクナビコナはこれを舟にして海を渡ってきたのである。スクナビコナは稲粒や粟粒のような小さな神であればこそ、ガガイモの実を舟にして波の穂に乗ってやってきたのである。常世は海上はるか彼方に想定された他界であり、水域を航行するのにふさわしい乗り物は船である。

死者の魂を送る

一方、天つ神が地上に天降ってくるときの乗り物は天磐船《あまのいわふね》といってやはり船であった。たとえば『日本書紀』巻第三の神武天皇には、ニギハヤヒノミコトが天磐船に乗って天降ってきたことが述べられている。磐船は空中を航行する堅固な船の意味で、スクナビコナのガガイモの実の舟とは対照的に、こちらは立派な船を想像することができる。天上にも地上と同じように水域があることは、高天原の話に天の安河《あめやすのかわ》がしばしば出てくることでもわかる。天つ神は天の安河の岸辺から乗船して川を流れ下り、地上に天降ってくるのであろう。

魂や神霊は船を乗り物にして現世と他界の間に広がる水域を航行する。死者の魂も水に運ばれてあの世へ旅立つ。しかし水の役割はそれだけにとどまらず、水は魂の死と再生には不可欠な要素であり、最終的には死者の魂は水をくぐってあの世に再生する。三途の川はこの世とあの世を隔てる境界の川であり、死者の魂はこの川を渡ってあの世に再生する。『ギリシア神話』でも死者の魂は船に乗って他界へ旅立つと考えられた。あの世とこの世の境界を流れるのがアケローンの川で、これは日本の三途の川に相当する。死者の魂は渡し守カロンの船に乗ってステュクスを流れ、アケローンの川を渡る。ステュクスとオケアヌスの合流するところにハデス（冥府）があり、ここで死者は「忘却の泉」と「記憶の泉」でそれぞれの水を飲まされる。「記憶の水は死者の魂に神々と再び関係を結ばせるためのものであり、忘却の水は地上の生活のあらゆる記憶を失わせる役割を果たす」のだとされる（アンヌ・ドゥクロス『水の世界』、一五三頁）。死者の魂は「忘却の水」を飲むことでいったん死に、そして「記憶の水」を飲むことであらためて再生する。「忘却の水」と「記憶の水」はまさに死と再生の水であって、この二種類の水を飲むことで、死者の魂はあの世に再生することができるのである。

日本の仏教でも、三途の川を渡ると生前の個性が滅却され、大いなる仏性に帰依したとされ、これで死者も成仏したとみなされる。三途の川を渡るのは、そのことを象徴的にあらわしたもので、魂の死と再生はこの境界の川を渡ることで成就するのである。

死者の魂は三途の川を渡る前にも、さまざまな儀礼をへてあの世に送り出される。葬送には水にまつわる儀礼が多いのも、要は魂の死と再生にかかわっているからで、その意味では、沖縄のシニミズの儀礼などは具体的でわかりやすい。シニミズは死者の魂を導く水であると同時に、魂をあの世に再生させる蘇生の水でもある。これについても松居友氏の解説があるので、引用させていただくことにしよう。

沖縄では「死者が出るとシニミズを浴びせられたのち晴れ着を着せられる。またシニミズは素焼きの水瓶にみたされて、葬列の先頭を運ばれながら墓に行く。そのさまは、水に導かれて死者があの世に向かうかのようである。死者は水にひかれてあの世に向かい、瓶はそのまま墓のそばに残置されるから、墓の周囲には死者の数だけ瓶が残る。その後の墓参りでも、瓶に水を持っていくことを島民は忘れない」（『沖縄の宇宙誌』、八四頁）。

死者の魂はシニミズに導かれてあの世へ旅立つようである。また死後三日目の晩に家族で行うマブイワカシ（魂別し）でも、水が中心的な役割をはたしている。葉のついた竹を軒に刺して戸口に垂らし、その前に御膳をすえて、膳には御花米を盛り、冷水を入れた椀を供える。主婦か老人が「極楽へ迷わず行かれよ」という意味のことを述べて祈願する。最後に家族全員の頭上に御米をつまんで置き、冷水で額をうるおす。これで死霊との交わりを絶ったことになるのだという（『山原の土俗』、二三〇頁）。軒に刺した竹には死霊が宿るといわれように、竹の葉は魂の乗り物をあらわし、魂はこれを舟にしてあの世へ旅立つと考えられたのだろう。そして椀に入れた水は海を象徴し、死出の旅立ちが無事であるようにとの願いがこめられているようである。

魂は水に導かれてあの世へ旅立つ。シニミズやマブイワカシはそのことを具体的にあらわしたもので、とくにシニミズは本土でいうミズモチに相当するといえよう。ミズモチは「水持ち」で、葬列のなかで水を持つ役のことである。今日、地方に残るミズモチは、台の上に四十九個の団子、米と水をのせ、頭上に戴いて持っていくのが一般的である。ちなみに「対馬の阿連では、ミズモチは女性の役目と決まっている」という（柳田国男『葬送習俗語彙』、九七頁）。

シニミズとミズモチの風習を比較してみるとわかるように、本土ではすでに失われてしまった古風なしきたりがシニミズには残されているようである。もともとミズモチには葬列のなかでも重要な役割が期待されていたようで、死者の魂の先導役、水先案内人という意味合いがあったのだろう。ミズモチが扱う水は魂を導く呪力のある水で、その役目を担うのは、対馬の阿連の例でもわかるように、かつては女性と決まっていたらしい。しかもミズモチには水を操る女性の面影が感じられるし、元来ミズモチは水の神に仕える女、もしくはその系譜につらなる巫女的な女性の役割であったのだろう。

わらべ唄「ほたるこい」の謎

話が前後するようだが、末期の水、あるいは「死に水を取る」などといって、死ぬ間際に死者の唇を水で湿らせるけれども、この記号化された儀礼にも水が魂を導くという意味が隠されているようである。「死霊は口から体外へ出ていく」（『葬と供養』、七三八頁）と五来重氏がいうように、死者の魂は口から離脱する。唇を水で湿らすのは水が離脱する魂を導くと考えられたからで、これも本来からいえば女性の役目であったのだろう。

水が魂を導くのは葬送儀礼にかぎったことではない。盆の行事でも先祖の霊は水に導かれ、川を通い路にしてやってくると信じられている。千葉県成田市土屋のように、「ホトケ様は川から来る」などといって、川辺まで先祖の霊を迎えに行くところがある。東京都小金井市でも、「玉川上水の堤まで行って迎え火を焚き『盆様、盆様、この火でおいで下さい』といって、おぶう恰好をして家に帰る」という（『関東地方の水と木の民俗』、一四八〜九頁）。このように川辺や橋まで祖霊を迎えに行く地方は少なくない。

送り盆も迎え盆と同じように川べりまで行き、精霊舟に供物をのせて祖霊を送ることも各地で行われている。オガラや麦わらでつくった小さな舟にロウソクを立て、供物と一緒に川に流す。こうして祖霊を送るのである。舟は波間を漂いながら祖霊の住むとされる他界へ帰っていくと信じられている。そんな漠然とした思いをミニチュアの舟に託して押し流すのである。迎え盆も送り盆も祖霊が舟に乗ってこの世とあの世を往還するという信仰がその背景にある。魂は水に導かれてこの世とあの世を往還するのである。

盆の時期はちょうど蛍狩りの季節でもある。子供のころ、日が暮れるのを待って川辺に行くと、無数の蛍が闇の中を飛びかう幻想的な情景に心を奪われたものである。そして耳を澄ますと、どこからともなく聞こえてくるのがわらべ唄の「ほたるこい」であった。

ほう　ほう　ほたる　こい
あっちのみずは　にがいぞ
こっちのみずは　あまいぞ
ほう　ほう　ほたる　こい

（秋田地方のわらべ唄）

子供のころ何気なく口ずさんだ唄だが、あらためて考えてみると不思議な唄である。蛍はいうまでもなく魂の化身、もしくは魂そのものとみなすこともある。『和泉式部歌集』には「物男に忘られて侍りけるころ、貴船にまゐりて、みたらし川に蛍のとび侍りけるを見て詠める」と題した有名な歌が収められている。

思へば沢の蛍もわが身よりあくがれ出づる魂《タマ》かとぞみる

男を思うあまり、体からあくがれ出た魂が蛍となって闇に飛びかうというのが歌意。蛍を魂の化身とみていることがわかる。わらべ唄の「ほたるこい」の蛍も魂の化身である。

魂は水に導かれるけれども、水にも魂が好む水とそうでない水があるらしい。魂は甘い水につられて近寄って来る。甘い水をこちらに引き寄せながら「ほたる　こい」と魂に呼びかけている。甘い水と苦い水を分けるのは水を制御することであり、このわらべ唄そのものが魂をこちらに引き寄せる一種の呪法のようにもとれる。盆に先祖の霊を迎えるときの呪文のようでもあり、それに節がついて、いつしかわらべ唄になり、子供たちの口の端にのりながら今日まで伝えられてきたのかもしれない。蛍狩りは初夏の風物詩であり、それに先祖の霊を迎える盆行事が重なり、そこからわらべ唄が生まれた可能性は十分に考えられる。蛍に呼びかける言葉は、どこか先祖の霊を迎えるときの呪文のようにも聞こえるし、この唄の不思議な魅力もそこにあるといえよう。

それにしても、唄のなかで蛍に呼びかけているのはいったい誰だろうか。わらべ唄を歌うのは子供たちだが、彼らにこと寄せて呪文を唱えている女の姿がおぼろげながら垣間見えるようである。水をつかさどるのは水神であり、ここには水神に仕え、水の呪力を体現した女の姿が揺曳している。この女を折口信夫のひそみにならって「水の女」と呼ぶことにしよう。折口は、日本神話に登場するミツハノメに水の女の起源をみていたようである。ミツハノメはイザナミの尿から生まれた神で、尿は広い意味では水であり、体から出たものには呪力があるから、尿すなわち水から化成したミツハノメは水の精と考えられる。ミツハノメは『日本書紀』一書第二には「水神罔象女《みづのかみみつはのめ》」とあり、日本古典文学大系本の頭注によれば、「罔象」は水神または水中の怪物とされ、淮南子（氾論訓）の注に「水之精也」とあることから、元来は水の精であったらしい（八九頁）。

水の呪力と女性

水の女はミツハノメを始祖とし、その系譜につらなる巫女的な女性である。水界に由縁があり、水を操る女である。わらべ唄の「ほたるこい」には水の女の存在が影のようにつきまとい、水を制御しながら魂をこちらに引き寄せる。甘い水、苦い水というのは比喩的な物言いであって、要は死と再生という水の両義的な性質を二種類の水で表現しているのである。水の中にもぐるのは死を意味し、水の中から浮かび上がるのは生を意味している。水には死と再生という相反する性質があり、それをここでは「苦い水」「甘い水」と呼び分けているのである。魂を水中に沈めるのは苦い水で、水中から浮かび上がらせるのは甘い水である。女は水をコントロールしながら魂が苦い水におぼれないように岸辺に導くのである。こうして他界からやってきた先祖の霊はこの世に帰還する。「ほたるこい」のわらべ唄の調べとともに、私たちの耳の奥に聞こえてくるのは水の女が唱える呪文のような言葉である。

水の女は水の呪力を体現した巫女的な女性である。それにつけても水汲み、洗濯、炊事など、水にかかわる仕事はもっぱら女性の担当が多いのも偶然ではない。いずれも水の呪力にかかわる行為とみなされたからである。

たとえば潮汲みも水汲みの一種だが、森鷗外の短編小説『山椒大夫』には、「奉公初は男が柴苅、女が汐汲みと極まっている」というせりふがある。男の柴刈りはひとまず措くとして、潮汲みが女性の仕事とされたのはなぜだろうか。

潮汲みはいうまでもなく塩を焼くために海水を汲むことである。海水は潮《しお》ともいわれるように、潮と塩は語源的にも同根とされる。潮には塩分が含まれ、潮を煮つめて塩がつくられることを考えると、潮と塩はもともと同じもので、のちに海水の潮と区別するために「塩」という字を当てるようになったのだろう。塩にはものの腐敗を防いだり、あらゆるものを浄化したりするはたらきがある。塩は潮でもあるから、海水にも同じように不浄を祓う呪力があると考えられた。したがって潮を汲むことじたいが一種の呪的な行為であり、女性の霊力にかかわる仕事とみなされたのである。

この伝統は近世まで続いていたようで、宝暦四（一七五四）年に初版が出た『日本山海名物図会』巻之三には「塩浜」の図があり、そこに潮汲みをする女性の姿が描かれている。そして跋文に「海より潮をくむ。皆女の所作なり」とあることからわかるように、当時にあっても潮汲みは依然として女性の仕事であった。

潮汲みは力のいる仕事である。海辺で海水を汲み、それを何度も運ばなければならない。女性にとってはかなりの重労働で、今日なら体力にまさる男の仕事とみなされよう。ところが古代や中世では、体力のいる仕事は男、軽作業は女というような単純な分類ではなく、男女の性差（＝ジェンダー）によって仕事の役割が決められていたのである。その点、さきほどの『山椒大夫』にあった「奉公初は男が柴苅、女が汐汲みと極まっている」というせりふは男女の性差による分業を象徴的にあらわした言葉だといえよう。

ところで、昔話やお伽噺には「お爺さんは山へ柴刈りに、お婆さんは川へ洗濯に」というフレーズではじまる話がある。昔話の「桃太郎」などはその典型で、話がはじまるときの決まり文句として、私たちは何気なく聞き流してしまうことが多いけれども、この常套句にも文化や制度としてのジェンダーが色濃く反映されている。お婆さんが川で洗濯をするのも、実は呪的な行為とみなされたのである。

そもそも洗濯とは不浄なものから浄化されたものへ移行させる呪的なはたらきのことをいい、これは潮汲みと同様に女性の霊力にかかわる行為とみなされた。勝浦令子氏の指摘によれば、説経節の「刈萱」には、洗濯は「月に一度の」という表現があり、これは女の血穢との関連が考えられるといい、とくに古代にあっては、洗濯は汚れた衣服を清潔にするというよりも、不浄なものを濯ぐことによって浄なるものへ変化させる「呪術的な行為」にむしろ力点が置かれていたのだという(『「洗濯と女」ノート』)。もともと「洗濯」には被服の汚れを取り除くという意味のほかに、ケガレを祓い浄化するという象徴的な意味があったのである。

昔話「桃太郎」とお婆さん

「桃太郎」の昔話でも、お婆さんは川へ洗濯に行く。桃太郎説話の原形が中国にあることは周知の通りで、この場合の洗濯も、本来からいえば、衣服を洗いに行くのではなく、川の水を浴びて心身を清めるいわゆる禊のためであった。このことは清田圭一氏が『幻想説話学』のなかで述べている(四〇頁)。禊もまた不浄なものから浄化されたものへ移行させる呪的な行為であり、これも要するに洗濯である。桃太郎説話の原作を忠実に再現すれば、お婆さんが川へ洗濯に行くのは禊のためであり、彼女はたんなる老女などではなく、神に仕える巫女的な女性であったことに注意を促しておきたい。

また清田氏によれば、お爺さんが山へ柴刈りに行くのも、実は刈り取った柴を山頂で両手を捧げて焚き、天の神に呼びかけて降臨を願うためであった。そしてお婆さんが川で洗濯、つまり禊をしていると、川上から桃が流れてくるのも偶然ではなく、祖霊の意思によってなされた呪法であったという。少なくとも桃太郎説話の原作では、お婆さんは神に仕える巫女、お爺さんはそれを扶けるシャーマン(男巫)のような存在であったらしい。

日本の「桃太郎」の昔話では、お爺さんとお婆さんは一介の貧しい老夫婦のように設定されていて、桃太郎説話の原作との径庭は大きい。それでも昔話を丁寧に読んでみると、原作の名残も多少は感じられる。たとえばお婆さんが水の中から桃を拾い上げる場面などにも、そのことはいえそうである。

全国に分布する「桃太郎」の昔話を調べてみると、川上から流れてくるのはかならずしも桃とはかぎらず、手箱や香箱などもあり、なかには袋というのもある。桃を含めこれらはみな容器であり、この章の冒頭でもふれたように、桃の中に入っていたのは桃太郎の魂であった。桃太郎の魂は容器の中にこもった状態で水に乗って運ばれてくるのである。さらに注意したいのは、流れてくる桃や箱のたぐいは一つではなく、二つというのも多く、そのうちの一つに桃太郎の魂が入っている。お婆さんは魂の入った桃や箱を確実に選んで拾い上げるのである。その選択法も話によってまちまちで、『日本昔話大成』第三巻からいくつか例をあげてみよう。

「赤い手箱こっちへ来い、黒い手箱あっちへ行け」（福島県双葉郡）
「軽い箱はあっち、重い箱はこっち」（福島県双葉郡）
「実のある香箱こっちに来い、実のない香箱あっち行け」（新潟県中頸城郡）
「川上から白と赤の箱が流れて来て、赤い方を婆が呼んで拾う」（山形県最上郡）
「青い桃と赤い桃が流れてくる。婆は赤い桃を呼んで拾ってくる」（宮城県栗原郡）
「実のある手箱はこっちい来い。実のない手箱はあっちい行け」（山梨県西八代郡）

お婆さんは水の流れを巧みに操りながらお目当ての桃や箱を自分の方に引き寄せる。二つのうちのひとつとはいえ、間違いなく魂の入った方を選ぶのは特殊な霊力のなせるわざであって、お婆さんは水の流れを自在に操る巫女的な女性といえるだろう。水を操るといえば、わらべ唄の「ほたるこい」でも、水を制御する水の女の影が揺曳していた。「こっちのみずは　あまいぞ」と呼びかけながら魂の化身である蛍を手元に誘導する。「桃太郎」のお婆さんも「実のある香箱こっちに来い」などといって魂に呼びかけている。拾うのは魂のこもった桃や手箱であり、いずれにしても水を操る女は同時に魂の仲介者でもあった。女は水を制御しながら、魂を手元に引き寄せるのである。彼女には水の神に由縁をもつ巫女、つまり水の女の片鱗がうかがえるし、少なくともその流れをくむ女性のイメージが反映されていることは間違いなさそうである。

それにつけても、昔話や伝説の世界では水界に由縁のある女がしばしば登場する。たとえば竜宮童子の昔話などはその典型といえよう。再三ふれたように、これは山へ柴刈りに行った爺が刈り取った柴を淵の渦巻きに投げ込むと、淵の中から女が出てきて柴のお礼に爺を水界に招待する話である。この女も水界に出自をもつ水の女である。昔話の「魚女房」「蛤女房」「蛇女房」などは、水界にゆかりのある魚や蛤や蛇という水の精が女に化けてこの世にやってくる話で、水の精は水の女として人格化される前段階の姿をあらわしていて、男を水界に招待するかわりに、みずから押しかけ女房のようなかたちで男のもとを訪れるのである。

水の女に選ばれる男

さらに女が男を異界（水界）へ誘う話に浦島子伝説がある。女は常世に住む神女で、後述するように、この場合の常世も一種の水界とみられる。いずれにしても水界からやってきたり、逆に水界に招待したりするのは女性であり、この女性もまた水界に由縁のある水の女である。言い換えれば、現世と水界を仲介するのは水の女であり、そして水界に招待される男は特別に選ばれた人間である。水の女と男の関係に着目すれば、水の女は男の無意識化された女性像、つまりアニマ像の投影であることは容易に察しがつくであろう。

ところで、水の女はどんな男を選ぶのだろうか。そのあたりに論点を絞って考えてみることにしよう。たとえば岩手県江刺郡の竜宮童子の昔話では、爺は淵の渦巻きが面白いといって、三カ月の間刈りためておいた柴をすっかり淵に投げ込んでしまう。いくら面白いとはいえ、前後のみさかいもなく、せっせと柴の束を淵の渦巻きに投げ入れる姿はいささか大人気ないというか、子供じみている。爺は少し単純で、よくいえば子供のような純真な心の持ち主なのだろう。

また新潟県見附市に伝わる竜宮童子の昔話に登場するのは貧乏な花売りである。男は毎日花売りに来て、売れ残ると川に投じて乙姫様に差し上げていた。ある日のこと、いつものように花売りをして帰ってくると、大水が出て川を渡ることができない。すると不意に足元から大亀が出てきて、その背中に乗ると乙姫様のところに連れて行かれる。乙姫様はいつも花をもらっている礼だといって、トホウという醜い子供をくれる。トホウはどんな望みもかなえてくれるので、男はたちまち大金持ちになる(『日本昔話大成』第六巻、八〜九頁)。乙姫様に選ばれるのは貧乏でも毎日花を献ずる殊勝な男である。

竜宮童子の昔話のほかにも水界の女が男に福徳をもたらす話がある。第二章で取り上げた昔話「河童の文使い」では、河童から宝臼をもらって長者になったのは少し頭の足りない兄であり、兄の真似をしたずる賢い弟は失敗する。河童は水神の零落した姿で、この話に出てくる河童は女だから、やはり水の女の眷族《けんぞく》である。この話では、水の女に選ばれるのは、少し頭が足りないけれども正直者である。

昔話の「蛇女房」では、蛇がいじめられているのを男が助けてやると、蛇が女に化けて嫁にくる。女は正体が知れると去っていく。この男も心根のやさしい人間である。

水界の女の意にかなう男にはある特徴がみられる。刈り取った柴をすべて淵に投げ込んでしまう子供のような爺、貧乏でも毎日花を献ずる殊勝な男、少し頭が足りないけれども正直な兄、心のやさしい「蛇女房」の男。いずれも善良で律儀者、さらにいえば、少し愚鈍で、人を信じやすく邪心のない子供のような心を持った男のようで、逆に嘘つきや小賢しい男は嫌われる。

竜宮童子の昔話では、男が水界の女に選ばれた理由を「正直者の爺さんだから」などと説明するのがつねである。柳田国男も『桃太郎の誕生』のなかでこの問題にふれ、単純な爺だけが選ばれた理由が今日ではすっかり忘れられ、いかにも合点がいかぬ話になっていると述べている。

何故に或家或一人の単純な親爺だけが、異常なる童児又は稀有の珍宝を獲て、忽ち長者になることが出来、他の者がすべて失敗してしまったか、もとは此部分が説話の特に大切な骨子、即ち最も牢《かた》く記憶して自分も実行しなければならぬ教訓であったらうと思ふが、今日ではもうそれが如何にも合点のいかぬ話になって居る。桃太郎その他の著名な童話には、既に其点を脱落したものもある（『定本柳田國男集』第八巻、五四頁）。

柳田がいうように、水界の女に選ばれる男が「単純な親爺」ではたしかに納得がいかない。昔話の説明にある「正直者の爺さん」にしてもそうである。

ひるがえってみれば、これは地上の人間から見た選ばれる男の条件であって、逆に水界の女の目から見るとどうなるだろうか。視点を変えるだけで、今まで見ていた風景が別の風景のように見えるはずである。そもそも男を選ぶのは水界の女だから、本来ならその視点に立って見るのが順当であろう。単純な爺や正直者だけが選ばれる本当の理由がわからなくなったのも、要は現世の人間の目で見ていたからではないだろうか。現世の人間の目とは、選ばれる側の視点であり、逆に選ぶ側の視点、つまり水界の女の目からあらためて選ばれる男の条件を考えてみることにしよう。

浦島太郎と永遠の少年

その前に現世と異界の関係をおさらいしておくと、異界は魂が安住する世界であり、生身の人間がそのままの姿で異界へ渡ることはできない。水界に渡る前に女が男を眠らせるのは肉体から魂を離脱させるためであって、その魂を連れて女は水界へ赴くのである。水界に滞在するのは男自身ではなく、その魂であり、したがって水界の女の関心はもっぱら魂にある。別の言い方をすれば、水の女は地上の男の魂を求めるのである。水の女が選ぶのは、正確にいえば、男というよりもその魂であって、どんな魂を求めるかというと、純粋で穢れのない美しい魂である。

一例として浦島子伝説を取り上げてみることにしよう。この伝説については第三章でもふれたが、ここでは島子を中心に話をすすめていく。島子は乙姫という水界の女に選ばれた男である。島子とはどんな男だろうか。

『丹後国風土記』逸文の説明では、島子は「爲人《ひととなり》、姿容秀美《すがたうるは》しく、風流《みやび》なること類《たぐひ》なかりき」とあり、生まれつき容姿端麗で風流なことたぐいまれだとしている。ここでいう風流とは、上品で優美というほどの意味で、島子はハンサムな青年というイメージだが、いささか繊弱で、男らしさに欠けるようである。河合隼雄氏も浦島子のことを、「どこか弱々しさのようなものが感じられ、男性的な強さを感じさせるものではない」と述べている（『昔話と日本人の心』、一四五頁）。

島子は美男子だけれども、どこか女性的な感じがする青年なのだろう。浦島子伝説を翻案した「浦島太郎」の昔話では、母親は八十歳、息子は四十歳という設定で、しかも息子は母親がいるあいだは嫁をもらうつもりはなく、母親から精神的に自立していないようである。母親との絆が強く、いわゆるマザーコンプレックスの強い男であり、逆に女の目から見れば、母性本能をくすぐる男でもある。四十歳になっても結婚するつもりがなく、母親との結びつきの強い男。河合氏は浦島太郎のことにも言及し、浦島を「永遠の少年として考えてみることも可能ではなかろうか」という（同前、一四八頁）。

要するに浦島は四十歳の少年といってもいい。歳を重ねても心は少年のままで、大人になることを拒否する。むろん意図的に拒否するのではなく、無意識のうちに彼の心のなかでは母子一体の関係を継続したいという気持ちが強くはたらいている。そのために浦島は母親から自立できない「永遠の少年」としてあり続けるのである。

「浦島太郎」の昔話は類話も多く、なかでも最も人口に膾炙しているのは、子供たちが亀の子をいじめているのを通りかかった浦島が助けて海に放してやる話である。浦島は弱い者いじめを見過ごすことのできない誠実で心のやさしい男である。

浦島は「永遠の少年」である。同じことは浦島子についてもいえるだろう。少年は両性具有的であり、性的には未発達で、男でありながら女のようでもある。島子は容姿端麗で風流だが、どこか男性的な強さに欠けるのも、大人になりきれない少年のような面影を感じさせるし、島子にも「永遠の少年」という性向がうかがえるようである。

　このことは乙姫が島子を常世へ誘う経緯をみても肯われるはずである。『丹後国風土記』逸文によると、島子は「独《ひとり》小船に乗りて海中《うみなか》に汎《うか》び出でて釣するに、三日三夜《みかみよ》を経《ふ》るも、一つの魚《うを》だに得ず、云々」とあり、島子は船で海に出たものの、三日三晩たっても魚は一匹も釣れなかったという。すでに述べたように、この異常な状況は乙姫が島子に近づくために仕組んだ罠であって、乙姫は島子が船で沖に出たときからそれとなく目をつけていた。やがて島子の心的エネルギーは停滞し、退行という現象が彼を襲う。思うに、島子はもともと退行という心理状況に陥りやすい性質であったのだろう。これもまた「永遠の少年」にありがちな傾向であって、母親から自立できない男はつねに母なるものへの回帰を夢想している。そんな島子の性質を乙姫は直感的に見抜いていたにちがいない。「永遠の少年」は精神的に母親に庇護されていることから、穢れを知らない清らかな魂の持主であり、はからずもそれが異界の女の目にかなったのである。

　竜宮童子の昔話では柴や花を水界に献じたお礼に男が水界に招待されるが、水界の女の心をとらえたのは、柴や花もさることながら、むしろ男の美しい魂ではないだろうか。柴や花を献じるという男のやさしさ、それはとりもなおさず美しい魂の反映にほかならず、水界の女はその美しい魂に引かれたのであろう。昔話「河童の文使い」では、ずる賢い弟は長者になれなかった。これも弟の魂が穢れていたために、水の女から嫌われたのである。

地上の男の美しい魂を求める

海幸山幸神話についてはすでにふれたが、ヒコホホデミノミコトは海の潮をつかさどる鹽土老翁のはからいで無目籠の小船に乗せられて海神宮に渡った。海神宮は海底に想定された水界で、そこには海を領する海神が住んでいる。ホホデミは海神の娘トヨタマビメと結ばれ、三年の結婚生活を送る。そして失くした釣針も見つかり、いよいよ帰国の途につくけれども、そのみぎりに海神から呪法を授かる。現世に戻ったホホデミは、その呪法で敵対関係にあった兄のホデリノミコトを降伏させた。海神宮という異界からみると、ホデリの魂は穢れていたために、呪法によって屈服させられたのであろう。

ちなみに西郷信綱氏によれば、無目籠の「無目《マナシ》」とは「目がないこと」で、無目籠の小船に乗るとは、「目をつむって眠ること」の比喩的な物言いであり、「眠りというものが他界へ抜け出る一つの通路であった消息が、ここには語られている」という（『古代人と死』、四三頁）。ホホデミも眠っているあいだにその魂が海神宮に抜け出たのである。

ホホデミが最初に到着したのは海神宮の門前の井戸辺であった。これはホホデミが井戸の穴を通って海神宮にやって来たことをうかがわせるもので、海神宮側からみた井戸は現世に通じる入り口であったらしい。ホホデミの魂はこの井戸を抜けてきたのである。されば海神宮に滞在したのもホホデミ自身ではなく、その魂であって、トヨタマビメもホホデミの美しい魂に引かれて結婚したのであろう。

さて、竜宮童子の昔話に話を戻すと、水の女の意にかなうのは穢れのない清らかな魂である。それを地上の人間の目で見ると、単純な爺や正直者ということになる。愚直な男ほど、魂は純粋である。彼らは何か見返りを期待して水界に花や柴を献じるのはなく、ただ一途なだけで、それが水の女の目には好ましく映るのである。地上では人間は性格や能力が評価されるけれども、異界ではもっぱら魂の質が評価される。少し頭が足りなくても、単純でも、何の見返りも期待せずに柴や花を献じるという行為そのものが美しい魂の反映とみなされる。逆に何か見返りを期待するのは魂が穢れている証拠であって、欲張りな爺やずる賢い男が自分も僥倖にあやかろうと真似をしてことごとく失敗するのはそのためである。水の女から見て彼らの魂は穢れているのである。

水の女は水の精が女性像として人格化したものである。水の女は地上の男の美しい魂を求める。地上の男が水の女に選ばれる条件を魂の問題としてとらえると、竜宮童子の昔話にもあらたな視界が開けてくる。それは水界に招待する者と、される者との関係を別の視点から考えることでもある。水界に導くのは水の女で、そのさい男は女から眠るようにいわれる。これは魂を肉体から離脱させるためであって、その魂を連れて女は水界へ赴くのである。水界は異界であり、そこに滞在できるのは魂だけにかぎられるからだ。女は水の精の人格的表現であり、女が男の魂を連れて水界へ渡るという道行に焦点をあてると、そこには水が魂を異界へ運ぶという構図がみてとれよう。煎じつめれば、魂を仲介するのは水であり、それを説話風に語ったのが、ほかならぬ竜宮童子の昔話ともいえる。

水の女は現世の男の魂を求めるが、産女も水の女の一種と考えられる。産女は一般には産褥死した女の霊が幽霊となって現われたもので、赤子を抱き、腰から下は血に染まり、川辺や橋のたもとに出没する。昔話「産女《うぶめ》の礼物《れいもつ》」はこの女をテーマにした話である。夜間、川を渡ろうとすると、産女が出てきて赤子を抱けという。赤子を抱いていると重くなり、最後まで我慢して持ちこたえていると、女がお礼に怪力を授けるなどと語られる。

『東海道四谷怪談』でも、非業の死を遂げたお岩が産女の姿で出現する場面がある。伊右衛門はお岩のために流れ灌頂をする。布の上に柄杓で水をかけると、陰火とともに布の中からお岩の亡霊があらわれる。髪は乱れ、腰から下は血に染まり、胸には水子を抱いている。お岩は産女の姿で水辺に出現したのである。注目したいのは、布の上に水をかけると、その水につられて亡霊があらわれることで、水には霊魂を引き寄せるはたらきがあることはここでも確認できる。

ともかく、お岩の亡霊は伊右衛門がかける流れ灌頂の水とともに産女の姿であらわれた。産女は水辺に出没することから水の女の類縁にあたる。

西洋でも日本の産女に似た妖怪が水辺に出没する。これは「夜の洗濯女」と呼ばれ、夜中に嬰児殺しの母親の亡霊が洗濯をすることからその名がある。ジョルジュ・サンドの『フランス田園伝説集』などを参考にすると、ヒース原のよどんだ沼、澄んだ泉のまわり、窪道沿いの木陰のほとり、古い柳の木の下、枯草の野原の真ん中で、夜中になると激しく洗い棒を叩く音、荒々しい濯ぎ洗いの音が聞こえる。これは「夜の洗濯女」たちが洗濯する音で、近くで見ると、叩いたりしぼったりしているのは、実は濡れた洗濯物ではなく子供の死体である。それぞれ自分の子供を洗っている。彼女たちを見つめたり、邪魔をしたりするのは禁物である。彼女たちに捕まったが最後、筋骨隆々たる大男でさえ、まるで靴下のように水の中で叩いたりしぼったりされてしまうという（岩波文庫、三四〜五頁）。

彼女たちは嬰児殺しという自ら犯した罪を洗いきよめるために洗濯をしているのである。洗っているのは子供というよりも、彼女自身の穢れた心である。日本の産女は胸に赤子を抱いて川辺に出没する。女の下半身は血で染まり、通りがかりの男に赤子を抱いてもらっている間に、その穢れた血を洗い清めるのである。

産女の怪異

産女については古くは『今昔物語集』巻第二十七第四十三の説話でも語られている。これは武勇の士といわれた平季武《たいらのすえたけ》にまつわる逸話で、話の内容にいたっては昔話「産女の礼物」と大同小異である。簡単にあらすじを述べると、季武はひょんなことから肝試しをするはめになった。夜になると産女が出没するという川がある。豪胆な季武はその川を渡ってみせると同輩たちに約束する。九月下旬の月のない夜、季武は闇を切り裂くように浅瀬をざぶざぶと音を立てながら渡っていく。すると「これを抱け、抱け」という女の声がする。泣きじゃくる赤子の声も聞こえる。それと同時に、生臭い匂いが川の方から岸辺に向かって漂ってくる。季武は臆することなく女から赤子を袖の上に受け取ると、今度は女が追いかけてきて、赤子を返せという。季武は「もう返さんぞ」といって、赤子を袖の上に抱いたまま館に戻ってきた。そして袖を開いてみると、わずかばかりの木の葉があるばかりであった。

結末が昔話とは違っているが、いずれにしても女が男の勇気、誠実さを試していることにかわりはない。しかしこれも異界の女の目から見れば、男の魂を天秤にかけているのである。昔話「産女の礼物」では、男が最後まで赤子を抱いていると、女がお礼に怪力を授ける。男の勇気と誠実さは、異界の女の目から見れば、穢れのない美しい魂の反映であり、女はその対価として男に怪力を授けるのである。水の女は地上の男の美しい魂を求めるというモチーフの一端がここにもみられる。

季武は女が赤子を返せといっても応じなかった。季武は勇気があっても誠実さに欠けることから、女の目には、季武の魂はやや穢れていると映ったのであろう。それが「わずかばかりの木の葉」という対価に象徴されている。

すでに述べたように、水の女が地上の男の魂を求めるのも、要は水が魂を他界へ導くことを説話風に語ったものにほかならず、その典型として竜宮童子の昔話をあげることができる。産女もまた水の女の系譜に属し、昔話「産女の礼物」では、水の女が男の魂を求めるかわりに、その誠実さと勇気を試す話に変化しているといえよう。二つの昔話の間には脈絡がなさそうに見えても、一皮むけば、水の女が地上の男の魂を求めるという構図が透けて見える。

水が魂を導くのは、魂と水の親和関係というか、相性の良さに由来するわけで、そもそも水は魂の象徴であり、水は魂を映し出す鏡でもある。

たとえば水鏡という言葉があるように、風のないおだやかな日は池や湖の水面が水鏡になって周囲の山々や木々を映し出す。バシュラールは、「水は反映によって世界を二重にし、事物を二重にする」と述べている（『水と夢』、七八頁）。

二重に見える世界は形はまったく同じでも、相反する世界である。水面に映った風景は上下はさかさまで、左右は反転している。水面に映っているのは現実とは違うもう一つの現実、つまり非現実の世界である。水は反映によって世界を二重にするけれども、それは現実に対する非現実の関係、表に対する裏の関係、あるいは意識に対する無意識の関係である。人間でいえば、水面に映し出される人影は私たちの無意識をあらわしているのである。

人影は本人とまったく同じ輪郭をもつけれども、それは本人の見えざるものが目に見える姿となって現われたもので、要するに魂の影である。水面に映った人影はその人の分身、つまり魂の影であり、魂は生命をつかさどるものだから、魂の影に異変があれば命の危険にさらされる。水面に人影が映ると、池や沼の主に影を取られるという伝説がある。「影取池」とか「影取沼」などと呼ばれるのがそれで、池や沼のほとりを通る女性が水面に姿を映すと水底に引きずり込まれるという。これも魂と水の抜き差しならぬ関係を語った話である。影は本人には見えない魂や無意識の世界を映し出しているのである。

繰り返せば、水は魂を映し出す鏡である。水にふれることは魂にふれることと同じであり、それが最も顕著にみられるのは出産儀礼と葬送儀礼である。出産と死は、この世とあの世の間で魂のやり取りが行われる瞬間である。赤子の魂がこの世にやってくるときにも、また死者の魂があの世へ旅立つときにも、水が魂を媒介する。魂は水に導かれてこの世とあの世を往還する。赤子が産まれると、「川から拾ってきた」「橋の下から拾ってきた」などといって、赤子を漂流物扱いする口碑が各地に伝わっている。これも赤子の魂が川を通い路にしてこの世にやってくることを比喩的に語ったもので、これが昔話や伝説の世界では、「桃太郎」や「瓜子姫」の話にみられるように、桃や瓜が川から流れてくるなどと語られる。また竜宮童子の昔話のように、水の女が地上の男の魂を求めるという形式をとる場合もある。

水の女は水界に由縁があり、水の精が人格化した姿で現れたものであって、水の流れを操り、魂を仲介する。ここにも水が魂を導くという構図が隠されている。その意味では、魂と水の密接な関係を象徴化したのがほかならぬ水の女である。魂と水の関係は、さまざまにかたちを変えながら日本の伝承文化の底流を形成しているといえよう。

あとがき

エーリッヒ・ノイマンは、「この世における人間の課題は、意識の成立以前に知っていたことを意識によって再び思い出すことである」と述べている（『意識の起源史』上、六〇頁）。これは私の専門である文化史の課題にそのまま当てはまるといっていい。文化史は文字どおり文化を歴史的に研究することであり、歴史をさかのぼるほど、文化は無意識の闇に埋もれてしまう。その闇の世界に光を当て、そこからおぼろげに浮かび上がる言葉以前のイメージを言語化することが文化史の当面の課題といえよう。

本書のテーマである「魂」も無意識と深くかかわっている。魂のふるさとともいうべき他界は私たちの無意識が投影された世界であり、他界や魂について語ることは、私たち自身について語ることでもある。

しかし今日、他界は外部にあるのではない。それは内面化され、私たちの心の中にある。かつて外部にあった他界は、いまでは私たちの心の中に存在するのである。だから魂は外部の他界に投影されるのではなく、私たち一人ひとりの心の中に住み着いている。魂の問題は、私たち自身の心の問題として考えられるようになったのである。魂が病めば、それは心の病気とされるように、魂と心はほとんど一体とみなされる。「はしがき」の冒頭でもふれたように、現代人は魂を心と同じように考えているけれども、魂が心の中に住んでいることを思えば、あながち的外れとはいえない。厳密にいえば、魂と心は同じではなく、魂は心の一部であり、それも闇の部分、つまり無意識をあらわしているのである。

かつて人は死後、その魂は他界で蛇に転生すると考えられた。その古い記憶は無意識として現代人の心の中にも生き続けている。他界は内面化され、蛇もまた心の無意識の闇に住んでいるのである。たとえばこんな経験をしたことはないだろうか。野山を歩いていると、突然、草むらから蛇が出てきてびっくりすることがある。あの何ともいえない薄気味悪さ、見たくないものを見てしまったという後味の悪さはどこからくるのだろうか。それはたぶん私たちの無意識の闇の中でまどろんでいた蛇が一瞬目を覚ますからだといえよう。私たちの無意識が蛇に投影されるといってもいい。
ともかく蛇は魂の最古の形の一つであった。水も同様で、本書では蛇や水を中心に魂の原形について述べてきた。魂は私たちの無意識をあらわしている。無意識の世界をあぶり出すには仕掛けが必要で、ここでは神話、説話、伝説、昔話などをテキストにして、それらを分析することで、魂の原形を明らかにしたつもりである。思惑通りに事が運んだかどうか、あとは読者の判断にお任せするしかない。

このたびの上梓にあたっては、前書と同様に雄山閣編集部の安齋利晃氏のお世話になった。本書の完成までには紆余曲折があり、その経緯について楽屋話をすると、当初、私の手元には三篇の論文があった。これを一本にまとめていわゆる論文集にするつもりで安齋氏に相談した。すると、拙文を一読した安齋氏から「魂」をテーマに全体を見直してみてはどうかという提案があった。私は安齋氏の提案を受け入れ、大幅に加筆修正して、できあがったのが本書である。もとの三篇の論文をばらして、「魂」をキーワードに再構成するとともに、あらたに論考を追加した。それが第五章の「水の女」である。これは水が魂を媒介することを述べたもので、本書全体のまとめ、もしくは結論という意味合いがある。

書き直したことは、結果的によかったと思っている。ともあれ本書が日の目を見ることができたのも、安齋氏の適切な助言と提案のたまものである。安齋氏には心から感謝する次第である。

ところで、私自身の来し方を振り返ると、まず目に浮かんでくるのは二人の恩師の姿である。私が師事する栗田勇先生と、大学時代にお世話になった藤井博巳先生（芝浦工業大学名誉教授）である。もしお二人の先生の謦咳に接することがなかったら、たぶん私は別の人生を歩んでいたはずである。そもそも私が文化史をライフワークにするようになったのも栗田先生の影響が大きい。栗田先生を紹介してくださったのは藤井先生であるから、今の私があるのも、ひとえに両先生のおかげである。末筆ながら、この場を借りて両先生にはあらためて感謝の意をささげたいと思う。

二〇一七年 卯月

狩野敏次

参考文献（原則として古典籍類は除く）

第一章

日本の絵巻十一『長谷雄草紙・絵師草紙』、中央公論社、一九八八
楊暁捷『鬼のいる光景――「長谷雄草紙」に見る中世』、角川書店、二〇〇二
『唐代伝奇集』二、平凡社、一九六四
安東民児『消滅と再生の遊戯――長谷雄草紙の映像と時間』、金壽堂出版、二〇〇六
日本古典全集『続教訓抄』下、現代思潮社、一九七七
大藤ゆき『児やらい』、岩崎美術社、一九六八
谷川健一・西山やよい『産屋の民俗』、図書刊行会、一九八一
辰巳和弘『「黄泉の国」の考古学』、講談社現代新書、一九九六
瀬川清子『女の民俗誌』、東京書籍、一九八〇
折口信夫「小栗外伝」（『折口信夫全集』第二巻、中央公論社、一九七五）
柳田国男『遠野物語』（『定本柳田國男集』第四巻、筑摩書房、一九六三）
折口信夫「霊魂の話」（『折口信夫全集』第三巻、中央公論社、一九七五）
『水沢市史』六、水沢市史刊行会、一九七八
文化庁編『日本民俗地図』V、国土地理協会、一九七七
ジョン・バーネット『初期ギリシア哲学』、以文社、一九七五
エリアーデ『イメージとシンボル』、せりか書房、一九七四

ファン・ヘネップ『通過儀礼』、弘文堂、一九九五
バシュラール『水と夢』、国文社、一九六九
文化庁編『日本民俗地図』Ⅶ、国土地理協会、一九八〇
『綜合日本民俗語彙』四、平凡社、一九五六
中国古典文学大系二四『六朝・唐・宗小説選』、平凡社、一九六八
『捜神記』、平凡社、一九六四
石上堅『水の伝説』、雪華社、一九六四
中国古典文学大系四〇『聊斎志異』上、平凡社、一九七一
デーヴィッド・ダンズリー『霊・魂・体』、平凡社、一九八〇
山口昌男『歴史・祝祭・神話』、中公文庫、一九七八

第二章

バシュラール『大地と休息の夢想』、思潮社、一九七〇、
マンフレート・ルルカー『鷲と蛇』、法政大学出版局、一九九六
マリノフスキー『未開人の性生活』、新泉社、一九七一
村武精一「神話と共同体の再生」(『国文学 解釈と鑑賞』、一九七七、一〇月)
ユング『夢分析』Ⅰ、人文書院、二〇〇一
ジョージ・トムソン『ギリシャ古代社会研究』上、岩波書店、一九五四
M・ポングラチュ、I・ザントナー『夢の王国』、河出書房新社、一九八七

エリアーデ『太陽と天空神』、せりか書房、一九七四
井本英一『十二支動物の話』子丑寅卯辰巳篇、法政大学出版局、一九九九
柳田国男『遠野物語拾遺』（柳田国男『遠野物語』、角川文庫、一九五五）
ジョン・バーネット『初期ギリシア哲学』、前出
フランツ・キュモン『古代ローマの来世観』、平凡社、一九九六
碓井益雄『霊魂の博物誌』、河出書房新社、一九八二
深沢七郎「みちのくの人形たち」（『深沢七郎集』第六巻、筑摩書房、一九九七）
エーリッヒ・ノイマン『意識の起源史』上、紀伊国屋書店、一九八四
水野知昭『生と死の北欧神話』、松柏社、二〇〇二
カール・ケレーニイ『迷宮と神話』、弘文堂、一九七三
イブン・シーナ『魂について』、知泉書館、二〇一二
E・R・リーチ「時間の象徴的表象に関する二つのエッセイ」（山口昌男編『未開と文明』、平凡社、一九六九）
エルンスト・カッシーラ『シンボル形式の哲学』二、岩波文庫、一九九一
田中純男「古代インドの墓地」（田中純男編『死後の世界――インド・中国・日本の冥界信仰』、東洋書林、二〇〇〇）
日本の古典一六『能・狂言集』、河出書房新社、一九七二
吉野裕子『蛇』、法政大学出版局、一九七九
棚瀬襄爾『他界観念の原始形態』、創文社、一九六六
E・デュルケム『宗教生活の原初形態』下、岩波文庫、一九四二
ダンテ『神曲』地獄篇、講談社学術文庫、二〇一四

小川直嗣『続・越佐の伝説』、野島出版、一九七二
ユング『元型論』、紀伊国屋書店、一九八二
小池寿子『死を見つめる美術史』、ポーラ研究所、一九九九
ヘロドトス『歴史』（『世界古典文学全集』一〇、筑摩書房、一九六七）
石上玄一郎『エジプトの死者の書』、第三文明社、一九八九
西郷信綱『古代人と死』平凡社、一九九九
金久正『奄美に生きる日本古代文化』、至言社、一九七八
谷川健一『魔の系譜』（『谷川健一著作集』十二、冨山房インターナショナル、二〇〇六）
亀井孝「日本語の母郷」（『日本文学の歴史』第一巻、角川書店、一九六七）
ハンス・ナウマン『ドイツ民俗学』、岩崎美術社、一九八一
新編日本古典文学全集五二『沙石集』、小学館、二〇〇一
崔仁鶴『朝鮮伝説集』、日本放送出版協会、一九七七
西洋中世奇憚集成『聖パトリックの煉獄』、講談社学術文庫、二〇一〇
柳田国男『家閑談』（『定本柳田國男集』第十五巻、筑摩書房、一九六三）
千葉徳爾・大津忠男『間引きと水子』、農山漁村文化協会、一九八三
大藤ゆき『児やらい』、岩崎美術社、一九八二
沢山美果子『江戸の捨て子たち』、吉川弘文館、二〇〇八
柳田国男「赤子塚の話」（『定本柳田國男集』第十二巻、筑摩書房、一九六三）
『日本昔話大成』第三巻、角川書店、一九七八

『日本昔話大成』第六巻、角川書店、一九七八
『日本昔話大成』第二巻、角川書店、一九七八
西郷信綱『日本の古代語を探る』、集英社新書、二〇〇五

第三章

『和歌山県の地名』、平凡社、一九八三
阿部真司『蛇神伝承論序説』、新泉社、一九八六
続日本絵巻大成一三『桑実寺縁起・道成寺縁起』、中央公論社、一九八二
安永寿延『伝承の論理』、未来社、一九七一
『奇異雑談集』（『仮名草子集成』第二十一巻、東京堂出版、一九九八）
高田衛『女と蛇』、筑摩書房、一九九九
ユング『変容の象徴』上、筑摩書房、一九九二
高木敏雄『日本伝説集』宝文館出版、一九七三
柳田国男『桃太郎の誕生』（『定本柳田國男集』第八巻、筑摩書房、一九六二）
谷崎潤一郎『刺青』（『谷崎潤一郎全集』第一巻、中央公論社、一九六六）
エーリッヒ・ノイマン『グレート・マザー』、ナツメ社、一九八二
佐々木喜善『江刺郡昔話』、郷土研究社、一九二二
ダンテ『神曲』地獄篇、前出
『出隆著作集』別巻一、筑摩書房、一九六七

白川静『字訓』、平凡社、一九八七
日本古典文学大系『風土記』、岩波書店、一九五八
河合隼雄『昔話と日本人の心』、岩波書店、一九八二
エーリッヒ・ノイマン『意識の起源史』上、前出
石田英一郎「桃太郎」（『国文学 解釈と鑑賞』、二六―五号）
田蔦誠一編『壺イメージ療法』、創元社、一九八七
ユング『分析心理学』、みすず書房、一九七六

第四章

クラリッサ・P・エステス『狼と駆ける女たち』、新潮社、一九九八
石田英一郎『桃太郎の母』、講談社学術文庫、一九八四
吉田敦彦『水の神話学』、青土社、一九九九
田中雅一「女神の水・女神の血」（『水の原風景』、TOTO出版、一九九六）
アト・ド・フリース『イメージ・シンボル事典』、大修館書店、一九八四
小野重朗「呪術と民俗儀礼」（日本民俗文化体系第四巻『神と仏』、小学館、一九八三）
川村二郎『白山の水』、講談社、二〇〇八
『現代日本語方言大辞典』1、明治書院、一九九二
野本寛一『神々の風景』、白水社、一九九〇
『日本方言大辞典』上、小学館、一九八九

南方熊楠『十二支考』1、平凡社、一九七二
柳田国男『神樹篇』(『定本柳田國男集』第十一巻、筑摩書房、一九六三)
若尾五雄『河童の荒魂』、堺屋図書、一九八九
イヴォンヌ・ヴェルディエ『女のフィジオロジー』、新評論、一九八五
西郷信綱『古事記注釈』第三巻、一九八八
種村季弘『悪魔禮拝』、桃源社、一九七九
『フロイト著作集』第二巻、人文書院、一九六八
中国古典文学大系二四『六朝・唐・宋小説選』、前出
河野貴美子『日本霊異記と中国の伝承』、勉誠出版、一九九六
バシュラール『大地と休息の夢想』、前出
『三品彰英論文集』第三巻、平凡社、一九七一
松本信広『東亜民族論攷』、新光社、一九六八
岡田精司「大王と井水の祭儀」(『講座日本の古代信仰』第三巻、学生社、一九八〇)

第五章

クラリッサ・P・エステス『狼と駆ける女たち』、前出
伊藤清司監訳『中国少数民族の信仰と習俗』下巻、第一書房、一九九三
『異苑』(中国古典文学大系二四『六朝・唐・宋小説選』、平凡社、一九六八)
岩田慶治『カミの誕生』(『岩田慶治著作集』第二巻、講談社、一九九五)

武田明『日本人の死霊観』、三一書房、一九八七
フレイザー『金枝篇――呪術と宗教の研究3』、図書刊行会、一九七五
和田正洲『関東地方の水と木の民俗』、明玄書房、一九八六
松居友『沖縄の宇宙誌』、洋泉社、一九九九
島袋源七『山原の土俗』(『日本民俗誌大系』第一巻、沖縄、角川書店、一九七四)
鎌田東二『翁童論』、新曜社、一九八八
アンヌ・ドゥクロス『水の世界』、TOTO出版、一九九四
柳田国男『葬送習俗語彙』、図書刊行会、一九七五
五来重『葬と供養』、東方出版、一九九二
勝浦令子「『洗濯と女』ノート」(『月刊百科』二六一)
清田圭一『幻想説話学』、平河出版社、一九九一
『日本昔話大成』第三巻、前出
『日本昔話大成』第六巻、前出
柳田国男『桃太郎の誕生』、前出
河合隼雄『昔話と日本人の心』、前出
西郷信綱『古代人と死』、前出
ジョルジュ・サンド『フランス田園伝説集』、岩波文庫、一九八八
バシュラール『水と夢』、前出

著者紹介

狩野敏次（かのう　としつぐ）

＜著者略歴＞
1947年、東京に生まれる。芝浦工業大学工学部建築工学科卒業、法政大学大学院工学研究科修了。以後、栗田勇氏に師事。専攻は文化史、建築史。特に具体的なモノ・場所・空間が喚起するイメージを手がかりに、日本人の他界観を考察している。
日本文藝家協会会員、日本民俗建築学会会員。

＜主要著書＞
『かまど』（法政大学出版局、2004）、『昔話にみる山の霊力』（雄山閣、2007）、『闇のコスモロジー──魂と肉体と死生観─』（雄山閣、2011）、『木と水のいきものがたり』（雄山閣、2014）、共編著に『日本の生活環境文化大事典』（柏書房、2010）など。

2017年5月25日　初版発行　《検印省略》

◇生活文化史選書◇

魂《たましい》 その原形《げんけい》をめぐって

著　者　狩野敏次
発行者　宮田哲男
発行所　株式会社 雄山閣
〒102-0071　東京都千代田区富士見2-6-9
TEL　03-3262-3231 / FAX　03-3262-6938
URL　http://www.yuzankaku.co.jp
e-mail　info@yuzankaku.co.jp
振　替：00130-5-1685
印刷／製本　株式会社ティーケー出版印刷

ISBN978-4-639-02490-3 C0339
N.D.C.382　192p 21cm